오디션 속
불편한 진실
Audition

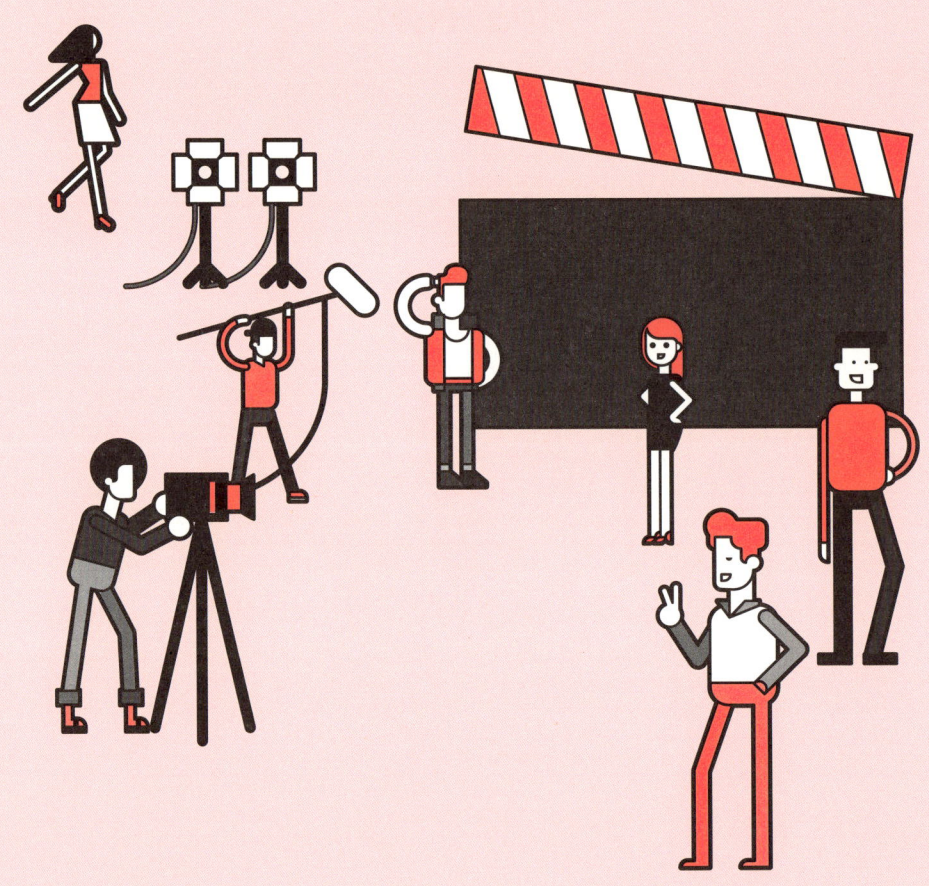

일러두기

본 도서에 게재된 인터뷰는 저자의 다년간 패션연예계 활동 중에 교류해왔던
수많은 스타들과 현장 스태프 및 영화감독, 드라마PD들, 매니저, 기획사 사장,
기자들과의 인터뷰를 취합 정리한 내용으로써 특정 개인과 관련 없음을 밝혀둡니다.
또한 인터뷰에 나와있는 스타 및 스태프들의 이니셜은 A부터 Z까지 순차적으로
매겼으므로, 특정인의 이니셜과 무관함을 밝힙니다.

오디션 속
불편한 진실
AUDITION

오디션 홍수의 시대

당신은 얼마만큼 알고 있는가?

글 이영호

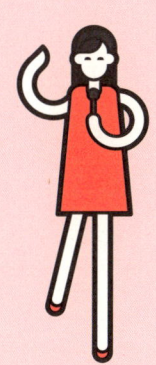
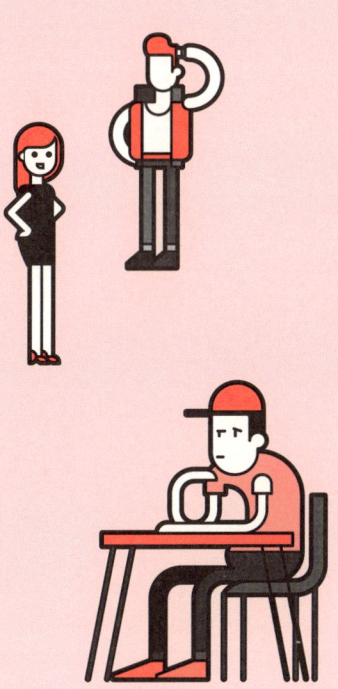

다홀미디어

AUDITION,
YOU DO NOT KNOW,
THE STORY
OF THEIR OWN

당신이 모르는
오디션 Audition,
그들만의 이야기

오디션 홍수 시대에 살고 있는 사람들은 저마다 가슴
속에 스타의 꿈을 꾸게 된다. 가수와 댄서는 물론이고,
영화배우와 오페라, 뮤지컬 배우까지 어릴 적 자신이
꿈꿔 봤던 동경의 무대를 아주 오래 전 접어두었던
책장에서 다시 꺼내 수북 쌓인 먼지를 훌훌 털어버리게
된다. 글자 그대로, 오디션은 무대를 떠올리게 해준다.
화려한 조명 아래에서 사람들의 갈채를 받으며 내
재능을 맘껏 발휘할 수 있는 기회, 오디션은 그래서
무대에 선 사람에게 벅찬 감동을 주고,
무대 아래에서 그를 지켜보는 이들에게도 가슴 벅찬
기쁨을 만끽하게 해준다. 오디션은 보이는 사람이나
보는 사람 모두에게 더없이 좋은 꿈의 무대인 것이다.

하지만, 무대로 올라가는 문인 동시에 특정한 소수의
사람만 열쇠를 받을 수 있는 기회이기도 하다.
그럼, 당신만의 무대는 어디에 있을까?
당신이 통과해야할 무대로 향하는 문 앞에서

오디션이란 열쇠는 어떻게 받을 수 있을까? 당신은
제대로 된 무대를 여는 황금열쇠를 들고 있는지
살펴보자. 예를 들어, 국가 간 경계가 사라지는
문화콘텐츠시대가 되면서 세계적인 스타를 꿈꾸는
사람들의 수가 늘어나게 되었고, 그와 동시에 스타를
만들어준다는 기획사 오디션을 비롯하여 드라마, 연극,

영화, 뮤지컬 오디션까지 이루 헤아릴 수 없을 정도로
많은 오디션이 넘쳐났다. 지상파 TV방송국을 비롯하여
라디오방송국은 물론이고, 각양각색의 스타 찾기
이벤트들이 등장해서 스타지망생들의 눈과 마음을
유혹하는 상황이다. 하지만 정작 '나'만을 위한 무대는
찾기 어려운게 현실이다. 영화감독, 드라마 PD,
연극연출가가 넘쳐나지만, 심사위원석에 앉은 특정
소수인 '그들'의 눈에 들어야만 무대가 주어지는 까닭에
오디션 지원자들의 재능을 지금 선보이고 싶다는 열정은
언젠가 오디션에 통과되면 보이겠다는 미래의 열망으로
바뀌고만 만다. 무대에서 선보일 재능을 가꾸고
수련하기보다는 나를 뽑아줄 심사위원들과 인맥을 쌓고,
아는 연줄을 동원해서라도 어떻게 하든 그들의 눈에

들고자 노력하게 된 것이다.
무대는 좁은데 그 아래 대기하는 사람들이 많은
현실이다 보니 나를 무대에 올려줄 사람들 눈에
들어야한다는 절박함도 생겼고, 재능을 갈고 닦아야

할 시간에 아는 사람 만들어 여기저기 얼굴 비추는
스타지망생들 중에 한 명이 되고 마는 게 현실이다.
그럼, 오디션에 합격하는 기준은 뭘까?
재능은 둘째고 인맥이 우선이며, 작품 제작진의 마음에
들어야 하는 걸까? 답을 먼저 말하자면, 나의 재능을
선보여서 심사위원들에게 해당 작품의 성공 가능성을

느끼게 해줘야 한다는 게 중요하다.
많은 오디션에서 심사위원이 되어 신인가수와
배우지망생을 만나고, 연예계에서 활동하는 유명
스타들을 보면서 작품 캐스팅을 담당해온 사람이라면
공통적으로 사용하는 오디션 커트라인이 있다는 것에
공감하게 될 것인데, 그건 바로 심사위원 개개인의 심사
기준이면서도 대중의 트렌드를 반영하는 최소한의
이미지 기준을 말한다. 즉 이 사람을 무대에 쓰면 관객이
좋아할까 고민한다는 점이다. 오디션에 지원하는
지망생들은 심사위원들의 눈에 들 생각을 하는데,
심사위원들은 관객들의 눈에 들게 할 생각을 한다는
게 차이점이다. 냉정한 현실을 말하자면, 지망생들은

무대와 꿈을 이야기하지만 심사위원들은 관객들의 입장료 수입을 걱정한다. 그렇다면, 지망생들도 관객의 호불호를 염두에 두고 심사위원들에게 자신의 재능을 선보일 때 관객들이 나를 좋아할 것이란 확신이나

가능성을 보이면 될까라고 생각할 수 있는데, 이 또한 명쾌한 해답은 안된다. 심사위원들이라고 해서 관객들의 취향을 정확하게 파악하는 사람들이라고 볼 수 없기 때문이다. 결국, 지망생들이 오디션에 임할 때는 심사위원들의 기준에 부합하면서 관객들의 취향까지 고려하는 이미지를 준비해야 한다는 어려움에 도달하게

된다. 이와 같은 이유 때문에 앞서 출간한『대한민국 오디션에 미치다』,『오디션 합격의 기준』에 이어『오디션 속 불편한 진실』이 세상에 나오게 되었다. 이 책을 끝까지 통독하게 되는 독자들은 알 것이다. 본 도서가 오디션에 임하는 지망생들에게 제대로 된 오디션 속 불편한 진실을 알리는 정보가 되는 동시에, 드라마와 영화, 뮤지컬과 연극 등처럼 자신이 원하는 작품과 대중이 원하는 이미지를 조합할 수 있는 노하우를 얻게 될 것이란 점을 말이다. 그 이유로, 수많은 배우들을 인터뷰하고, 연예계 스타들과 기획사 매니저, 대표를 통해 전해 듣는 것은 물론이고, 필자가 직접 드라마 촬영 현장에서 만나본 스태프들과 나눈 오디션 이야기를

담고 있기 때문이다. 많은 지원자들이 알고 싶어 하는 오디션 속 불편한 진실을 일부 공개하자면 이렇다. 오디션에서 합격하려면 가수가 되기 위해 노래만 잘한다고 되는 게 아니며, 배우가 되기 위해 연기력만

좋다고 되는 게 아니란 뜻이다. 지금 당신 앞에 오디션은 제작진이 잘 짜둔 홍보전략일 수 있다. 당신은 배경일 뿐이고, 진짜는 이미 어딘가에서 웃고 있다는 얘기다. 이런 사실을 모르는 지원자들은 오디션 정보가 없다고 걱정한다. 드라마나 상업영화 오디션 정보는 기획사나 에이전시로만 전해지고, 개인적으로 활동하는

연기자들에겐 비공개 정보로 느끼기까지 한다. 혼자 해보려고 했는데 정보도 없고 이럴 바에야 기획사에 들어가는 게 낫겠다고 생각한다. 정보만 있더라도 혼자 해볼 텐데 좋은 상업영화나 지상파 드라마 같은 기회는 도저히 얻을 수가 없으니 더 늦기 전에 기획사를 알아보고 에이전시를 수소문해서 찾아다녀보지만 이것도 쉽진 않다. 가고 싶은 대형 기획사는 나를 받아주지 않고, 이름을 들어보지 못한 기획사는 미래가 걱정되어서 선뜻 내키질 않는다. 에이전시에 프로필을 돌려도 언제 연락올지 모르는 상황에서 답답한 마음에 다시 프로필을 들고 직접 다녀보게 된다. 그래서 이 책 『오디션 속 불편한 진실』이 세상에 나오게 되었다.

드라마, 연극, 영화에서 오디션 속 불편한 진실에 대해
설명하고, 연기자나 가수들만큼이나 개성이 강한
감독들과 연출자, 제작진을 상대로 자신의 끼와 장점을
무기로 무대에 서서 끼를 선보여 스타로 발돋움할

수 있는 노하우에 대해 소개한다. 어떻게 해야 할지
몰라서 부당한 요구 앞에서 머뭇거리다가 당하지 말자.
기회는 준비된 자에게 오고 그 기회를 잡아야 무대가
따라온다. 배우가 무대를 찾다보면 무대는 나타나지
않는다. 단 한 번의 오디션에서 합격의 기쁨을 누리는
자에게 또 다른 오디션 합격의 기회가 이어진다.

영화, 드라마, 연극, 방송 무대는 제작진의 폭이
넓지 않다. 감독은 다르더라도 스태프가 같은 곳은
부지기수다. 내 매력을 각인시키면 또 다른 무대가
기다리고 나를 찾아오기 때문이다. 이 책 『오디션 속
불편한 진실』이 여러분들의 꿈 앞에서 좌절하지 않고
성공하는 무대로 이끌게 되기를 바라본다.

2015. 9. 30.
LEE YOUNG HO

CONTENTS

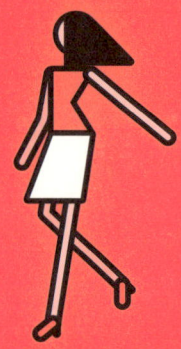
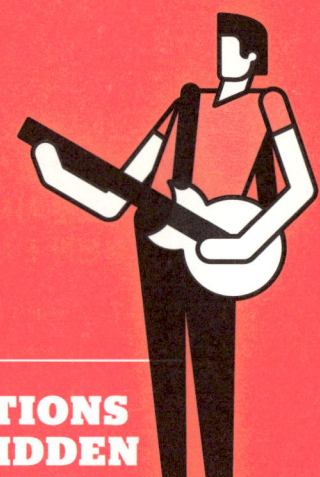

**AUDITIONS
IN A HIDDEN
TRUTH**

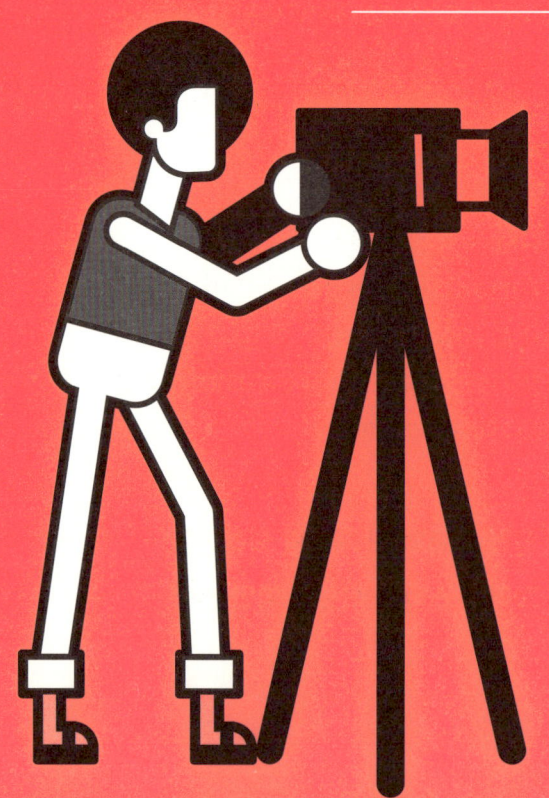
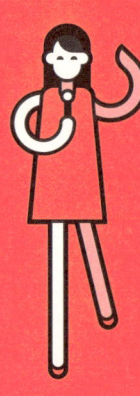

CHAPTER 1

정글에 들어온 신인, 치열한 현장을 먼저 파악하라!

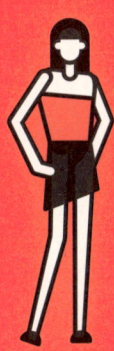

● # 요즘
인기있는 얼굴로
고칠까?

인기 있는 얼굴? 신인들과 이야기하다 보면 '주위 평가' 내지는 '주위 응원'만으로 스타가 되겠다고 나서는 사람들이 있다는 걸 알게 된다. 가족이나 친구들이 자기를 보고 "넌 누구 닮았어!" 또는 "너는 연예인 같아!"라고 말해줘서 자기 혼자 우쭐해서 나서는 경우다. 하지만 그들이 오디션에 나서고 기획사 문을 두드리는 순간 현실의 높은 벽에 가로막혀 좌절을 하게 되는 일이 생긴다. 주위에서 자기에게 예쁘다, 잘생겼다, 노래 잘한다, 연기 잘한다 칭찬만 해줘서 실제 그런 줄 알고 나섰는데 세상에 나와 보니 예쁘고 잘난 사람들이 너무 많다는 걸 알게 되는 순간이다.

'쟤는 뭐지? 나보다 예쁘잖아?', '쟤는 너무 잘생겼어!'
'내가 못할게 뭐야? 까짓 거 해보지! 뭐!'

오기가 생긴다. 자기에게 쏟아진 주위의 칭찬들이 버거워도 이 바닥을 떠날 수가 없다.
무모한 도전이 시작되는 이유다. 자기보다 예쁘고 잘생긴 사람들을 분석하기 시작한다. 나보다 코가 높은지, 눈이 큰지, 광대가 낮은지, 턱선이 갸름한지 살펴본다. 그리고 나름의 분석을 마치면 그 다음 단계로 성형외과 병원 시장조사에 나선다. 어느 병원이 잘하는지, 어느 의사가 유명한지 꼼꼼하게 살피고 조사한 후에 자금마련에 들어간다.

"엄마, 딸이 꿈에 도전한다는데 그 돈 하나 못 해줘?"

자기 돈이 없을 땐 과감하게 부모에게 요구를 하는 일도 생긴다.
집에 돈이 없으면 아르바이트도 하고 별의별 장사에 손을 다 댄다.
인터넷쇼핑몰을 운영하기도 한다. 하지만 아르바이트만으로 수술비용을 마련하기란 하늘에 별 따기처럼 어렵다. 이쯤 되면 여자들은 시급이 높은 바^{BAR} 아르바이트를 찾기 시작하고 남자들은 호스트가 될 생각도 한다. 어차피 스타가 되려면 도움 되는 거라고 자기위안을 삼으며 합리화하는 순간이다.
이런 일도 못 구하는 사람들은 택배, 화물차 상하차, 커피숍 서빙이나 식당 서빙 아르바이트에 매달린다. 아르바이트를 하다가 오디션에 응시하고 미팅 연락이 오면 일을 하루 쉬고 몰아서 미팅에 응시하는 일도 생긴다. 결과는 늘 그렇듯 불합격이지만 인기 있는 얼굴을 만들기 위해 열심히 돈을 모은다.
그렇게 열심히 돈을 모아서 수술하면 무엇이 달라질까?
예뻐지고 잘생겨질 수 있다. 하지만 나름 돈을 모아서 수술을 한다고 해도 '쌍꺼풀 생긴 ㅇㅇㅇ'에 지나지 않는다. 아무리 수술을 해도

'김태희'가 될 수는 없다는 걸 알게 된다. 그러다가 제정신을 차릴 때가 되어 날짜를 보면 그 사이 5년, 10년이 흐른 걸 알게 된다. 이들은 어디로 갈까? 꿈만 좇아 허비한 세월이기에 다시 되돌릴 수도 없고 누구를 탓할 수도 없다.

여기서 그들이 몰랐던 한 가지, 그들이 그토록 닮고 싶었던 스타의 이미지는 미안하지만 대중이 만든 이미지가 아니라 연예계 사람들이 만든 이미지였다는 점이다. 대중이 좋아하는 이미지는 자연스럽게 생긴 게 아니라 매체에서 만든 이미지일 뿐이다.

TV나 영화계, 연극계, 뮤지컬 분야를 비롯하여 모든 무대에서는 '대중에게 선보일 스타를 미리 준비해두고 하나씩 꺼낸다'라는 말도 있다. 그리고 그 이미지는 머지않아 또 바뀌는데 그때도 마찬가지로 매체에서 새로운 이미지를 만들어 내놓는다. 무슨 말이냐고?

요즘 인기 있는 얼굴이라고 해서 몇 년 후에도 인기 있는 게 아니란 얘기다. 외모에 집착하는 신인들은 겉으로 보이는 이미지만 부러워하고 외모가 성공이라고 착각하며 자기의 인생을 허비하게 된다. 배우가 되고 싶은 마음, 가수가 되고 싶은 생각만 가득했을 뿐, 실제 현장에서 배우나 가수가 어떻게 살아가는지, 그들이 어떻게 그 자리에 오를 수 있었는지 철저하게 조사하지 않은 것이다.

만약 요즘 인기 있는 얼굴로 닮는데 성공했다 치자.

매체에서 새로운 얼굴을 내보이며 트렌드를 바꿔버리면 당신의 얼굴은 구식이 된다. 그땐 어떻게 할까? 기껏해야 '누구 닮은 사람'으로만 이름을 얻게 된다. 요즘 인기 있는 얼굴을 생각하지 말고 자기 자신만의 재능과 자기만의 이미지를 어필할 방법을 연구해야 한다.

그리고 방송국과 대형기획사를 찾아가야 한다. 거기서 승부를 해야만 하는 이유는 그들이 스타를 만들기 때문이다.

그들은 100명의 신인을 내보내서 대중들이 좋아하는 1명을 골라서 스타로 만드는 게 아니다. 대중은 많은 신인들이 나오면 금방 식상하고 피곤해한다. 대중들은 그들이 보고 싶어 하는 스타만 보는 걸 좋아한다. 이런 점을 잘 아는 방송국이나 대형기획사는 대중들에게 인기를 끌 수 있는 신인을 미리 준비해서 철저하게 트레이닝 시킨 후에 무대에 세운다. 그래야만 시청자가 드라마를 보고 영화를 보기 때문이다.

"요즘 인기 있는 얼굴로 고쳐주세요!" 천만에 말씀이다. 인기 있는 외모는 돌고 돈다. 그리고 무리하게 수술한다면 나이 들어서 부자연스런 얼굴을 들고 다시 병원을 찾아야 하는 일이 생긴다. 차라리 자기 얼굴 그대로 두고 재능으로 승부해라.

이 바닥은 돈
아니면 몸?
진짜일까?

과연 사실일까? 신인들이 많은 루머를 듣고 오디션에 온다. '연예계가 원래 그렇다면서요?' 라며 대놓고 질문하거나 무슨 얘기를 하던, 의심부터 하는 신인급 배우들이 많다. 배우가 되려면, 가수가 되려면 돈 아니면 몸이라는 소리를 들은 탓인지 그들만의 상상 속에서 다짜고짜 들이댈 때도 생긴다.

그래서일까? 오디션용 프로필 접수를 시작하게 되면 정말 여러 형태의 사진을 받게 된다.

프로필 사진부터 요상한 포즈로 찍어 보내오는 지원자들도 많다. 침대 위에서 찍은 사진을 보내오는 여자 신인도 있고 비키니 수영복 차림의 사진을 보내오는 경우도 있다. 배역 이미지와 연관 없는 사진을 프로필이라며 보내는 그들의 심정을 이해 못하는 바는 아니지만 공적인 작업에서 여러 사람들이 배우의 프로필을 볼 때면 난감하게 되는 경우가 생긴다. 배역에 이미지가 맞는 지원자임에도 뽑아야 할지 말아야 할지 고민되는 일이 생긴다는 얘기다. 그런데 그들의 상상이 근거 없는 이야기는 아니다. 왜 이런 이야기가 나왔을까?

그렇게 오래 전 일이 아니지만 연예계는 돈 아니면 몸일 때도 있었다. 6.25 전쟁 무렵에 우리나라에 탄생한 연예비즈니스는 미군부대에서 노래하는 가수들이 시작했다고 봐도 무방하다. 한국 땅에 파견 나온 미군들을 위로하는 형식의 각종 공연이 펼쳐졌는데 이 당시에 가수가 되고 싶은 사람들은 미8군 무대에 서는 게 필수 코스이기도 해서 각종 연줄을 동원해서 무대에 설 기회를 만들곤 했다.

미군 부대에 아는 사람, 우리나라 군대에 아는 사람, 이태원 지역을 담당하는 관공서 등을 비롯해서 방송가, 현장 스태프 등 모든 인맥을 동원해서 무대에 서고자 하는 사람들이 넘쳐났다. 무대는 좁은데 많은 사람들이 몰리다 보니 당연히 온갖 부정적인 사례가 생기기 마련이었다. 돈은 물론이고 힘을 좀 쓴다는 자리에 있는 사람들과 가수들이 연인처럼 사귀기도 하는 경우도 없지 않았다.

이 당시엔 영화계와 방송가도 힘 꽤나 쓴다는 사람들이 막강한 힘을 발휘하는 경우가 많았다. 그 무렵 시작된 연예비즈니스 분야이다보니, 소수의 몇몇 사람이 힘을 발휘하는 시절이 있었다. 무대에 서려면, 노래를 하려면, 배역을 따내려면 돈과 각종 로비가 횡행한 것도 없다고 말 못하는 시절이다.

그런데 1990년대 이후에 한류 바람이 불면서 사정이 달라졌다.

기존에 인맥과 기득권을 통해 방송가와 연예계를 좌우하던 사람들이 나이가 들 무렵이기도 했다. 세계에 유명세를 떨치기 시작한 한류 덕분에 방송가 제작환경은 기득권의 입김보다는 PD와 기획자를 중심으로 하는 창의성을 위주로 바뀌기 시작했고, 돈이 된다는 걸 확인한 대기업에서 투명한 자금이 밀려들었다.

소수의 투자자 입김에 휘둘리던 연예계가 대기업의 투명한 자본이 밀려들면서 공정한 경쟁에 의한 오디션을 통해 신인 스타들이 배출되기 시작했다. 물론 대기업의 자본에 맞서 기존 기득권을 유지하고 싶은 일부 투자자들은 각 지역에 배급업자와 투자자들을 모아서 대기업 자본에 맞서는 세력을 만들려고도 했는데 그건 시대의 흐름에 따라 역부족이 되고 말았다. 멀티플렉스가 생기고 많은 영화들이 제작되면서 많은 신인들에게 기회가 돌아갔다. 해외파 프로듀서와 감독들이 국내 영화계와 방송가에 진출했고 이들로부터 국제적인 트렌드에 어울리는 다양한 콘텐츠들이 나온 덕분이기도 했다.

한 마디로 말하자면 이전과는 다른 '연예비즈니스 환경의 변화'이다. 물론 아직까지 180° 달라지진 않았지만 많은 부분에서 달라졌고, 바뀐 지도 오래다.

오디션만 해도 그렇다. 세계적인 뮤지컬들이 대기업 자본에 의해 국내에서 상영되면서 많은 뮤지컬 스타들이 생겼다. 영화 제작 편수가 늘어나면서 신인감독들이 스타감독으로 성장했고 기존의 방식에 연연하던 일부 제작자들이나 감독들은 새로운 트렌드에 적응하지 못하면서 역사의 뒤안길로 물러나는 현상이 생겼다.

오래 전 인기를 끌던 극장이 쇠퇴하고 신개념으로 최신식 시설로 만들어진 극장들이 젊은 세대들의 발길을 붙잡으면서 영화기획자 및 배급권을 쥔 대기업 극장이 새로운 영화 제작환경을 만들어내게 된 덕분이다. 그래서 얘기하자면, 연예계엔 더 이상 '돈 아니면 몸'

이라는 이야기는 낭설로 떠돌아 다닐 뿐이다.

하지만 꼭 틀린 말도 아니다. 돈 아니면 몸의 돈이라는 것은 학교에 다니고 레슨을 배우기 위한 돈일뿐이고, 몸이라는 것은 연기연습을 하고 노래를 부르는 연습을 해야 하는 몸이다. 이 글을 읽는 순간 언젠가 안 좋은 소리를 들었던 기억이 난다면 바로 잊어버리자. 지금 이 순간부터 확고하게 자기 자신을 지키며 살아가면 된다. 대중들은 열심히 하는 스타를 원하고 응원한다.

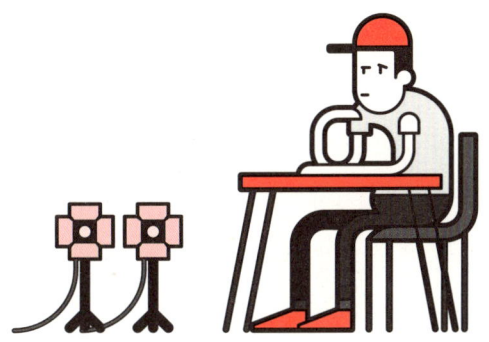

돈이면
스타가 될 수
있다고?

앞서 말했던 가수나 배우가 되려면 '돈 아니면 몸'이라고 생각한 사람들이 의외로 적지 않다. 그들 중에는 '몸'은 말도 안 되고 '돈'이라면 해볼만 하겠다고 생각하는 사람들도 있는데, 경제력이 웬만하다고 생각되는 지망생은 돈으로 밀어서 '스타'가 되려고 생각한다. 스타가 되면 한 방에 다 회수할 수도 있으니 그다지 손해 보는 장사는 아니라고 생각하기 때문인가? 또는 자신의 아들, 딸에게 투자하여 스타를 만들면 돈을 벌 수 있다고 생각하기도 한다.

"기획사인줄 알고 들어갔는데요, 성형수술 하라면서 집에서 돈 받아서 하래요. 그리고 트레이닝 시켜준다면서 아카데미 가서 제 돈 내고 배우래요. 이게 기획사 맞아요?"

진짜 돈만 쓰면 스타가 될 수 있을까? 생각해보면 '아니'란 답이 나온다. 기획사에서는 스타가 되기 위해서 각종 비용이 필요하다고 한다. 지상파 드라마나 상업영화뿐만 아니라 기획사에서도 '스타가 되려는 사람들의 욕망'을 교묘히 이용하며 돈을 얻어낸다. 스타가 될 거라는 갖은 칭찬을 통해 그들의 마음을 부추겨 놓고 마지막에는 항상 '투자'를 이야기한다.

그들이 말하는 투자라는 것은 무엇일까? 여러분이 잘 아는 내용일 것이다.

"나한텐 생기는 거 하나도 없어. 이건 모두 너를 위해 추천하는 거야. 얼굴은 거의 완벽한데 코만 조금 손보면 진짜 더없이 톱스타감이 될 거 같아서 그래. 코 수술 잘하는 병원 아는데, 거기서 걔 누구야? 코 예쁜 애, 걔도 수술한 곳이래. 그 친구가 사실 코 수술 전에는 평범한 얼굴이었거든. 그런데 코 수술하고 나서 톱스타가 된 거라니까. 오늘 집에 가서 부모님에게 상의 잘 해보고 신중하게 생각해서 다시 알려줄래? 내가 이러는 거? 다른 애들한텐 안 그래. 너한테만 그러는 거야. 네가 톱스타감이니까."

– A 매니지먼트사 임원 –

"가수가 요즘 노래만 잘 부르면 되는 줄 아니? 음반제작해야지, 안무 배워야지, 보컬트레이닝 해야지, 그게 다가 아냐. 라디오방송 나가려면 돈 내야지, 음악방송 나가려면 돈 내야지, 응? 인터넷 광고하고 콘서트도 하려면 공연장 빌리고 시설 갖춰야지? 돈이 수억 원이 금방 깨져. 그런데 너도 알다시피 요즘 회사 사정도 그렇고 경쟁이 치열해서 영업을 많이 해야하는데 방송국 사람들이나 공연 사람들 만나려면 돈 들잖니? 어디서 돈 나올 데가 있으면 모르지만, 당장은 상황이 좀 그러니까 기다려 봐. 우리가 너만 바라보고 노력하잖아? 돈 좀 만들고 바로 시작하자. 넌 금방 될 거야."

- 엔터테인먼트 투자업체 B대표 -

위에 언급한 이야기들은 필자가 꾸며낸 내용이 아니라 실제 현장에서 돌고 도는 이야기 중 하나이다. 성공을 원하는 신인들에게 얼마나 달콤한 제안인가? 그들의 이야기만 들으면 진짜 집에서 부모들이 빚을 얻어서라도 돈만 대주면 금방 투자금을 회수하고 엄청난 돈을 벌 것같다.

일부 매니지먼트나 엔터테인먼트 사업과 관련된 사람들은 배우나 가수에게 돈 가져오라는 얘기는 직접적으로 말하지 않는다. 그래서 실제 모 배우는 감쪽같이 속아서 돈을 날린 경우가 있었고, 신인들 사이에선 성공을 위한 투자라는 말에 속아 당한 사람 중 수백만원은 어디 하소연할 정도도 아니라고 한다.

드라마 같은 이야기지만 부모들이 요구한 금액을 다 못가져오면 '잔뜩 근심 어린 표정으로' 부모를 쳐다보며 말한다.

"이 정도로는 부족하지만 최선을 다해서 일단 시작이라도 해봐야죠. 재능을 썩힐 순 없지 않습니까? 아이가 스타가 되어야 부모님들도 고생 그만하시고 편안하실 테고, 우리 회사도 명예가 올라갈 것 아닙니까? 우리는 아이가 톱스타 자리에 올라갈 때까지 이익 생각은 전혀 안 합니다."

사실일까? 물론 이 말은 모두 거짓이다.

부모가 어렵게 준비해온 돈은 그들의 유흥비로 나가고 개인적인 용도로 다 빠진다. 혹자는 그렇게 쓰는 돈이 방송가 사람들과 공연계

정글에 들어온 신인, 치열한 현장을 먼저 파악하라!

사람들, 관계자들과 만나고 친목 도모하는데 쓴 것이라면서 그것도 영업이므로 일하는 것이 아니겠냐고 하겠지만, 실상을 몰라서 하는 소리다.

술집에선 가짜 영수증이 돌아서 실제 결제금액보다 부풀린 돈 금액이 적히며, 방송가 사람들이나 관계자들끼리는 술은 술일뿐이지 스타 만들기라는 약속이 아니라고 말한다.

더 황당한 상황은 A의 부모에게 돈을 지원받아서 B를 홍보하는데 더 노력하는 경우도 생긴다는 점이다. 그들이 밀어주는 사람은 B인데 A의 부모가 돈이 더 많을 경우다. 이처럼 연예계에서는 '돈'으로 돌고 도는 상황이 곳곳에서 벌어지고 있다. 사기를 위한 매니지먼트사나 엔터테인먼트사를 조심해야 한다. 설사 진짜 TV출연이나 배역을 위한 투자라고 하더라도 그렇게 돈으로 만들어진 관계는 요즘 같은 상황엔 효과가 전혀 없다는 점도 알아둬야 한다. 인터넷으로 인하여 모든 정보가 노출되어 있고, SNS 영향력이 워낙 커졌기 때문에 안 좋은 소문은 금방 퍼지기 때문이다.

돈이면 스타가 될 수 있다고? 대답은 NO! 다. 그들에게 당하지나 않으면 다행일 것이다.

춤 잘 추고
노래 잘하면
스타가 된다고?

"춤 잘 추네!", "노래 잘 하는구나!", "어쩜 그렇게 연기를 잘하니?" 매니지먼트 사장이나 캐스팅 디렉터들은 춤 잘추고 노래 잘하는 사람들에게 말한다. "넌 곧 스타가 되겠다!" 그리고 넌지시 아무도 모르는 정보인 듯 다시 속삭여준다. 칭찬을 듣고 잔뜩 부푼 가슴을 가진 사람들은 그들의 다음 이야기가 무슨 내용이든 진실로 받아들이게 된다.

"넌 스타감이 분명한데, 코만 조금 더 높으면 좋겠다."
"넌 춤도 잘 추고 노래도 잘하는데 요즘엔 배우를 해야 하니까 연기만 조금 트레이닝 받으면 딱 이겠는데?"

―기획사 캐스팅디렉터 C씨 ―

그들은 사람들의 귀에 대고 돈 가져오라는 얘기를 포장해서 말한다. 상대방을 속여서 돈을 빼앗는 죄는 보이스피싱에만 해당되는 게 아니다. 스타성이 없는 사람에게, 스타가 되는 것보다는 다른 재능이 보이는 사람에게 스타가 될 거라고 꼬드겨 돈을 갈취하는 것도 죄가 될 수 있다는 걸 알아야 한다.

스타가 될 수 있다는 꼬임에 넘어가 돈을 갈취당한 일을 남의 경우로 생각하진 말자. 오디션을 통해서 만나는 사람들이 이따금 개인적인 자리에서 눈물 흘리며 털어놓는 사실들이다. 그리고 당신 이야기가 될 수도 있다. 학력이 높은 사람들일지라도 누군가의 사탕발림에 속을 수 있다는 게 하나도 이상하지 않은 세상이다. 이성적인 판단이 닫힐 때의 경우다.

기분이 좋아지고 흥분된 상태에선 듣고 싶은 말만 들어서다. 그렇게 가수가 되고자, 배우가 되고자 문을 들어선 사람들이 돈만 날리고 몸도 망가진 채로 나이가 들어 어디론가 가버리는 모습들을 너무 많이 봐왔다.

노래 잘하고 춤 잘추면 스타가 된다는 것이 거짓말이라면 '스타'란 어떻게 되는 걸까? 스타는 한날한시에 많은 사람들에게 드러나는 무대에 서면 그 즉시 스타가 된다. 이 논리에 맞춰볼 때 '스타가 되려면 사람들이 엄청 많은 무대에서 그 많은 사람들이 동시에 보는 사람'이 되어야 스타가 된다. 얼굴이 잘생기고 못생김의 차이가 아니다. 돈이 많고 적음의 차이도 아니다. 누가 키워주고 안 키워주고의 차이도 아니다.

"넌 스타감이 분명한데, 코만 조금 더 높으면 좋겠다."
이 말은 자기가 코 수술을 잘 하는 병원을 소개해줄 테니 어떻게든 돈을 갖다 바치라는 얘기다. 부모를 조르던, 아르바이트를 하던 그건 자기가 알 바가 아니므로 무조건 일단 돈을 가져오라는 얘기를 돌려서 하는 식이다. 이성적으로 생각해보면 답이 금방 나온다.

당신이 제작자라고 해보자. 혹은 유명한 능력 있는 매니저이고 PD라고 해보자. 어느 날 당신 눈앞에 얼굴도 예쁘고 노래도 잘하는, 그야말로 새로운 스타가 될 것 같은 인재를 발견하면 당신은 어떻게 행동할 것인가?

능력을 가진 사람이 스타를 보는 안목이 있고, 능력을 가진 사람이 스타가 걸어 가야할 길을 알려줄 수 있다. 스타감인 사람에게 당신이 요구하는 건 단지 계약서 한 장뿐이다. 그것도 모든 비용은 당신이 댈 테니 스타감이 분명한 사람에겐 같이 일해보자는 제안만 한다. 만에 하나, 같이 계약하고 일하자며 돈을 요구하는 사람이 있다면 그는 능력이 없는 사람이다. 빨리 그 자리에서 피해야 한다. 직접적으로 돈을 내라고 하진 않아도 갖은 구실을 대서 돈을 써야할 일을 만든다면 그 사람 또한 마찬가지다. 빨리 그 자리에서 피해야만 살 수 있다.

누군가가 당신에게 다가와서 스타가 될 사람이므로 같이 일하자고 한다면 가장 먼저 확인해야할 점이 있다. 당신 주머니에서 돈이 단돈 한 푼이라도 나가야한다면 그건 잘못된 경우다. 신인들을 노리는 유혹의 손길에 휘말리지 말아야 한다.

정글에 들어온 신인, 치열한 현장을 먼저 파악하라!

일단
TV에 나오면
성공일까?

TV에 출연하는 게 꿈인 사람들이 있다. 배우가 되고 싶고, 가수를 하려는데 방송 출연 데뷔 무대가 좀체 주어지지 않는 다고 하소연한다. 오디션 프로그램에 나가서 방송 데뷔를 하려고 하지만 예선전인데도 불구하고 전국에서 수백만 명의 참가자들이 나온다니 그 수에 기가 죽는다. 드라마 오디션 기회는 아예 찾기도 어렵다. 지상파 드라마에 얼굴을 비추고 싶은데 오디션은 고사하고 정보도 찾기 어렵다고 난리다.

"데뷔만 하면 정말 소원이 없겠어요!"
"신인꼬리표 떼어내고 데뷔만 하면 그때부터 진짜 뭐든 할 것만 같아요. 이건 뭐 데뷔 기회 자체가 안 주어지니까 그게 진짜 버티기도 힘든 거 같아요."
"연예인 한다고 나서면서부터 명절이 그렇게 싫어졌어요! 만나는 친척들은 잘 알지도 못하면서 저한테 '넌 TV 언제 나오니?' 물어보거나 '요즘 넌 뭐하니?' 물어보는데 아주 미치겠어요. 그 사람들은 그게 저한테 관심 가져주는 거라고 생각할지 몰라도 제 입장에선 뭐라고 할 말이 없는 상황이죠. 그래서 명절엔 아예 혼자 지내고 바쁘다고 핑계대고 그래요. 일 없어도 집에만 있는 것도 눈치 보여서 일부러 일 만들어서 밖에 나가요. 혼자 영화 보기, 혼자 커피숍 가기도 이젠 취미가 되었다니까요."

TV출연은 신인들에게 성공의 척도로 여겨진다. 하지만 그들이 그렇게 원하는 방송출연이 곧 성공은 아니다. 만약 신인이 방송에 출연했다고 하자. 신인 입장에선 방송 전파를 탔으니 꿈에 그리던 데뷔를 했다고 생각할 수 있다. 지상파에서 데뷔한 시점이 기록되는, 아주 흥분되는 순간이다. 신인 입장에선 정말 잊을 수 없는 날이 된다. 당신이란 신인이 나와서 방송 시청률이 급등했다면, 당신의 말 때문에 시선을 집중시키고 큰 웃음을 주었다면? 당신은 그 순간 스타가 될 수도 있다.

하지만 그럴 확률이 얼마나 높을까? 방송은 스타 위주로 흘러간다. 그렇게 아무 느낌 없이 그냥 지나갔다면 당신은 그저 방송가에서 말하는 '병풍'이었을 뿐이다. 방송에 편집되어 나오는 당신을 대중은 기억하지도 못할 것이다.

방송은 철저하게 상품이다. 그래서 출연자들을 재료로 사용하는 상품이다. 시청자들에게 '이미지'를 파는 상품이다. 이 '이미지 상품'은 드라마이거나 예능프로그램, 다큐멘터리가 될 수 있다. 이 상품을 통해 시청자는 감정을 주고받기도 한다.

판매량이 곧 시청률이다. 시청자들이 많으면 잘 팔리는 상품이고 시청률이 낮으면 안 팔리는 상품으로 치부된다.

그래서 제작진들은 시청자들의 시선을 붙잡기 위해 방송을 만들 때 1초에 30컷 이미지를 세분해서 초 단위 편집을 하는 것이다. 잠시라도 시청자의 몰입감을 흐트러지지 않게 하기 위하여.

신인이라는 새로운 재료가 쓸모 있는지 없는지의 판단여부는 앞에서 언급했던 '시청률'이다.

쓸모 없는 재료라고 생각된다면 다른 새로운 재료를 찾는 것이 제작진의 일이다. 신인의 성공여부는 중요하지 않다. 그들도 성공하기 위해 잘 팔릴 것만 같은 재료를 찾아 방송이라는 '상품'을 만드는 데 관심을 쏟을 뿐이다. 왜 스타들을 방송 제작진이 나서서 섭외를 하는지 생각해보았는가? 단지 그들이 스타라서?

그들이 우선 섭외되는 이유는 팬덤 덕분이다. 그 스타의 팬들은 스타가 나온다고 한다면 방송을 찾아서 본다. 그 스타가 나옴으로써 시청률이 어느 정도 보장이 된다는 것이다. 신인의 기준으로 보자. 팬클럽 회원 수 100명인 신인과 팬클럽이 10명인 신인이 있다고 하자. 당신이 PD라면 누구를 섭외할 것인가? 시청률을 생각한다면 당연히 100명 팬을 보유한 사람을 불러야 한다.

그럼 다른 신인들보다 많은 팬덤은 어떻게 확보하여야 하는가?

최근 기획사들이 데뷔도 안한 연습생들을 언론에 노출시키며 이야깃거리로 만든다. 케이블 방송에서 나오기도 한다. 그들은 데뷔도 하기 전에 팬덤을 형성하며 인기를 모으기 시작하는 것이다. 설사 데뷔하지 못하더라도 말이다.

또한 신인급 가수들이 인터넷방송에 나오는 경우도 생긴다. SNS를 비롯한 인터넷의 파급효과가 크기 때문에 인터넷방송을 통해서 온라인에서부터 인지도를 높이려고 하는 경우이다.

온라인에서 만든 팬덤을 오프라인으로 끌어오려는 방법이다.

이렇듯 나름의 방법으로 팬덤을 확보하라.

그렇다면 TV출연을 요구받을 수도 있을 것이다.

방송출연만 하면 성공할 것 같은가? TV에 나와서 유명해지려는 생각을 버려라! 유명해지는 것이 성공이 아니다. 방송에 자주 나온다고 돈을 많이 버는 것도 아니다. TV에 출연하는 사람들은 프로그램을 위한 재료일 뿐이다. 프로그램을 위해서 신인을 출연시키는 것이지, 신인을 위해서 프로그램이 제작되지 않는다.

한 달 수입 50만 원도 안되는 연예인들

"스타가 되면 돈도 많이 벌잖아요? 돈 벌어서 집안을 일으켜야 해서요." 가족들을 위해 돈을 벌고자 연예인을 지망한다는 신인의 이야기다. 이따금 언론에 오르내리는 돈 많은 연예인들 이야기에 혹해서 연예인이 되려는 사람들이 상당히 많다.

하지만 신인이나 스타지망생들이 착각하는 것은 스타들의 수입만 알아서다. 단순히 '1년 만에 벌어들인 액수가 얼마' 라는 식의 신문 기사에 휩쓸려선 안 된다. 스타들이 현장에서 써야 하는 비용이 얼마인지, 스타의 수입 중에서 고정비용이나 세금이 얼마인지도 알아야하고, 수익의 배분에 대해서도 알아야 한다. 스타들의 지출을 알아야한다. 철저한 현장 지식으로 여러분들의 무모한 욕망을 막아야겠다.

드라마부터 살펴보자. 인지도가 있는 A급 방송작가는 회당 고료 2,000만 원 정도를 받는다. 16부작 드라마라면 3억 2천만 원이다. 그것도 선불이다. 그럼 주연배우는 얼마나 받을까? 스타 중에서도 한류스타는 회당 출연료 5,000만 원~1억 원 정도를 받고, 톱스타는 3,000만 원 정도를 받는다. 인지도 있는 스타는 회당 1,000만 원에서 2,000만 원 정도, 연륜 지긋한 중견 배우들은 회당 300만 원에서 500만 원 정도를 받는다.

영화는 어떨까?

영화 쪽에서 유명한 작가는 작품 당 3,000만 원에서 5,000만 원선 이고 일부 시나리오작가는 작품당 받는 고료 외에 러닝로열티^{일정 인원 이} ^{상의 극장 관객 1인당 금액}을 추가로 받는다. 100만 명 이상부터 1인당 200원씩 인세를 받기로 했다면 300만 명이 관객이 든 영화라고 할 때 시나리오작가의 추가수입은 200 x 2,000,000, 4억원이나 된다. 처음 받은 고료보다도 인세수입이 더 큰 경우다.

영화배우로 톱스타는 3억 원에서 5억 원 정도가 출연료다. 이건 국내의 경우다. 혹시 들어보았나? 우리나라 톱스타가 해외 헐리웃 영화에 출연하면서 50억 원을 받았다고도 하고, 모 여자배우는 미국 영화에 출연하면서 30억 원을 받았다고 한다. 물론 어마어마한 금액이지만 그 액수는 미국 현지 배우들 기준에 비교해볼 때도 턱없이 낮다. 헐리웃 배우의 톱스타 출연료는 2천만 달러에서 3천만 달러 정도다. 우리나라 돈으로 200억 원 정도인 셈이다.

연예인들의 수입이 이게 다일까? 이게 전부가 아니다.

우리나라의 스타들의 경우 광고의존도가 상당히 높다. 드라마 등을 통해서 스타가 되면 광고가 밀려들어 오게 된다. 그 수입도 생각해야 한다. 드라마나 영화에서 주연역할이 아니라서 영화로 인한 수입이 적더라도, 대중들에게 크게 각인되어 인기가 높아졌다면 엄청난 광고 수익을 기대할 수도 있다. 광고는 지면광고, TV광고, 인터넷광고, 유튜브광고, 옥외광고 등으로 구분된다. 기간은 단발(1회성), 3개월, 6개월, 1년 등으로 나뉜다.

광고료는 광고의 종류와 기간에 따라 광고수입도 달라진다. 톱스타인 경우 1년 전속 광고로 1억 5천에서 3억 원 정도를 받고, 6개월 단발인 경우 1억 원 정도 또는 5천만 원 정도를 받는다. 물론 이수치는 스타의 인지도에 따라 다르므로 정해진 금액은 아니라는 점을 참고하자.

그럼 가수는 얼마나 받을까? 가수들의 라디오방송이나 TV음악프로그램 출연료는 정말 적다. 20~30만 원 선이다. 그룹이건 솔로가수건 똑같다. 특A급 가수인 경우에도 50만 원선을 넘지 않는다. 아무리 유명한 가수라도 방송출연으로 돈을 벌어선 안정적인 생활을 할 수가 없는 구조다. 심지어 일부 가수들은 방송국에 협찬방식으로 돈을 내고 출연하기도 하는데 라디오방송은 300만원, TV는 1,000만 원 선이다. 이 돈은 그렇다고 PD수입이 되는 게 아니다. 방송무대를 꾸미는 돈에 들어간다. 돈을 내가면서까지 TV에 나오는 가수들은 어디서 수익이 생기는걸까?

가수는 행사수입, 그리고 콘서트 수입이 중요하다.
걸그룹이나 가수들의 스케줄이 많은 이유는 행사가 많기 때문이다.

지방행사, 밤무대행사, 대학축제행사, 돌잔치 등의 행사가 많다. 걸

그룹들의 단골수입원이 되어준 밤무대 행사는 1회(30분) 출연료가 200~300만 원선이다. 언뜻 보면 적은 금액 같지만 사실 그렇지 않다. 밤무대는 1회 계약을 하지 않고 10회, 20회 계약을 통으로 맺는다. 출연료도 모두 선불이다.

실제 모 인기 여가수는 하루에 5곳의 밤무대를 두시간 반동안 돌며 무대에 서는데, 1달이면 쉬는 날 빼고 100번 정도 무대에 서는 셈이다. 이렇게 하루에 다섯 번 행사를 통해 300만원씩 돈을 미리 받았다고 한다면 월 수입은 1억 5천만원이다. 1년간 수입으로 본다면? 18억이나 된다. 인기 곡 하나 나오면 그 가수는 방송출연 없이 1년 동안 밤무대만 돌아도 거의 20억에 가까운 돈을 벌게 되는 것이다. 이때 가수들의 인지도에 따라 급수가 나뉘고 행사비가 달라지므로 가수들이 적은 출연료에도 불구하고 방송에 나오려는 이유가 된다. 콘서트 수입은 직접 할 경우 투자 대비 매출이 기대하기 어려우므로 대부분 공연기획사에 맡긴다. 공연기획사에게 돈을 받고 계약해서 콘서트 수입을 나누는 형식이다. 현재 활동 중인 다수 가수들이 이 방식으로 활동한다. 물론 공연기획사하고 계약을 할 때는 계약금을 받는데 톱가수인 경우 3천만 원에서 5천만 원, 특A급 가수인 경우 1억 원 정도를 미리 받는다. 역시 억億 소리가 난다.

단, 무명 가수나 신인의 경우엔 지방 행사 무대당 30~50만원을 받고 서기도 한다는 점은 감안하자. 가수나 배우 등이 수입원을 얻는 연예계에선 '인기(인지도)=돈(수익)'이다. 무명일 때는 건당 5~10만원을 받는 리포터 일도 마다하지 않고, 50~2000만 원 정도를 받는 돌잔치나 회갑 잔치 등의 행사에도 기꺼이 출연한다. 요즘 신인들의 경우에는 인지도를 높이기 위해서라면 소위 말하는 '재능기부(무료)'로 무대에 서기도 하는 게 현실이다.

"우아! 어마어마하네요?"
내 이야기를 듣던 모 신인배우가 정말 큰돈이라며 눈을 초롱초롱하게 뜨고 있었다. 본인도 성공하면 엄청난 돈을 벌 수 있는 스타가 될 거라고 여기는 모양이다. 과연 그럴까? 이 배우 역시 현장지식이 부족한 신인일 뿐이다.
이 배우가 지금 큰 돈을 벌고 있는지는 나만 알고 있다. 하지만 궁금증은 저 뒤편으로 보내고 스타가 벌어들이는 수입 중 스타가 갖는 금액이 얼마인지를 알아보자.
가수나 배우 등 장르를 가리지 않고 들어가는 비용을 알아보자.
우선 출연준비비가 있다.
헤어숍에 들러 메이크업도 하고 헤어스타일도 만진다. 옷도 준비해야 하고 액세서리도 필요하다. 유명 스타인 경우 1회 세팅에 3만 3천 원, 중간급 스타인 경우 5만 5천 원, 신인인 경우엔 8만 8천 원이다. 하루에 한 번만 세팅하면 될까? 아니다. 경우에 따라선 오디션 미팅이 하루에 3번 있으면 3번 다 고쳐야 한다. 하루에 한 번 오디션에 간다고 해도 5만 원만 잡아도 월 150만 원이다.

스타들이 대중교통을 타고 다니는가? 은밀한 그들의 생활과 이미지 보호를 위해 자동차가 필요하고 여기에 유류대가 들어간다. 하그룹으로 활동하는 가수들은 숙소생활이 필수다. 새벽 귀가에 심야 활동까지 불규칙한 활동 때문이다. 또한 연습시간도 맞춰야 하고 앨범 준비랑 각종 스케줄 맞추려면 숙소생활이 필수다. 여기에 들어가는 비용은 전세인 경우, 원룸은 보통 1억 5천만 원 정도 한다. 월세로 내기도 하는데 보증금 5천만 원에 월 50만 원에서 80만 원 내는 곳이 많다. 슬픈 이야기지만 소속사 사정이 어려워지면 숙소의 보증금 빼서 투자금으로 끌어가기도 한다. 그래서 숙소를 반지하방으로 옮겨가기도 한다.

일단 여기까지만 생각해보자.

출연준비비부터 스태프 비용 등 월 고정비용이 1,000만 원 정도 필요하다. 이 금액은 스타의 수입과 소속사 사장 및 회사의 수입을 뺀 금액이다. 아무 수입 없이 월 1,000만 원은 최소한 써야하는 사업이란 얘기다. 1년이면 1억 2천만 원의 비용이 든다. 여기에 추가로 들어가는 비용은 스타의 품위유지비랑 소속사 사장의 영업비다. 소속사 사장은 방송국 사람들이랑 관계자들과도 어울려야 하고 골프도 쳐야하고 술도 마셔야 한다. 이 금액이 영업비이고 월 수백만 원이 필요하다. 그래서 스타 1명을 관리하는 기획사는 월 2천만원 정도의 비용을 쓰는 것이다. 1년이면 2억 4천만 원이다. 스타들의 지출에 대해서 알아봤으니 다시 스타의 수입으로 돌아가 보자.

당신이 영화 한 편에 3억 원을 받는 스타가 되었다고 하자. 촬영기간은 6개월이다. 그런데 스타가 계약상 이 영화만 해야 하고 다른 영화나 드라마를 못한다면? 그리고 이 영화가 흥행하지 못하면? 흥행하더라도 다음 영화 역할을 쉽게 따지 못해서 2~3년을 기다려야 한다면?

3년 만에 영화 한 편 주연 맡은 스타가 올린 매출이 출연료 3억 원이다. 3년 동안 스타를 위해 들어간 비용은 1년에 2억 4천만원씩 계산하면 7억 2천만 원이다. 스타가 되어서 3년 만에 주연배우로 영화 하나 출연했다면 돈을 번 게 아니다. 3년 동안 그에게는 4억 원이 넘는 빚만 남은 상황이다. 아직도 영화 한편에 3억원을 받는다는 스타가 부러운가?

"그럼 걸그룹 가수해서 밤무대 행사만 돌아도 돈 버네요?"

"1인 기획사 차려서 매니저 1명 두고 혼자 하면요?"

"영화 주연하면 광고 엄청 찍을 텐데 그걸로 벌면 되죠?"

기획사는 항상 돈에 쪼들리고 신인과 지망생들, 오디션지원자들은 항상 작품에 목말라하는 상황이 반복된다. 방송가 경력 수십 년 되는 스타들이 자기 기획사 차려도 결국엔 문 닫고 다른 기획사에 들어가는 이유가 되고, 유명 여자 주연급 배우가 1년 동안 3,000만 원 한도 마이너스 통장을 쓴다는 웃지 못 할 상황이 벌어지는 곳이 연예계다.

한 달 수입이 50만원도 안되는 상황이 나타나는 것이다.

이런 연예계 현장의 비용 구조에 대해 이해가 없다면, 활동은 열심히 하는데 왜 수입정산은 없다고 불평하는 스타가 나오게 되는 것이다.

이런 이해도가 부족하기 때문에 연예인들의 수익만 보고 연예인을 꿈꾸는 것이다. 그들의 수익에 현혹하여 연예인이 되려고 하지 마라. 당신의 끼와 재능을 뽐내기 위해 되어야 한다.

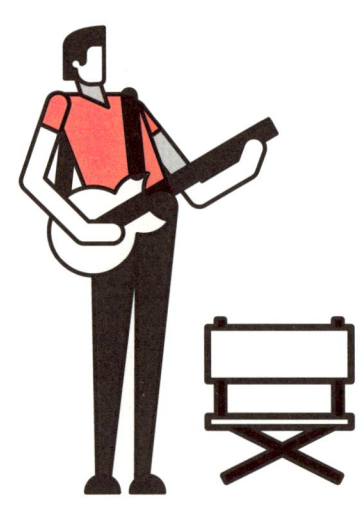

AUDITIONS
IN A HIDDEN
TRUTH

CHAPTER #2

스타를 꿈꾸는,
신인들은 절대 모르는
오디션 전략

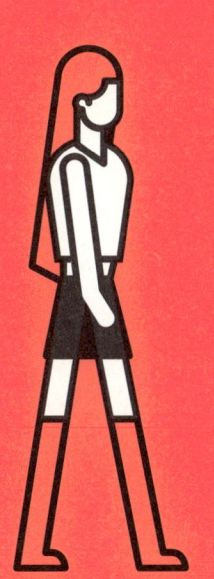
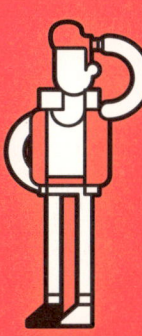
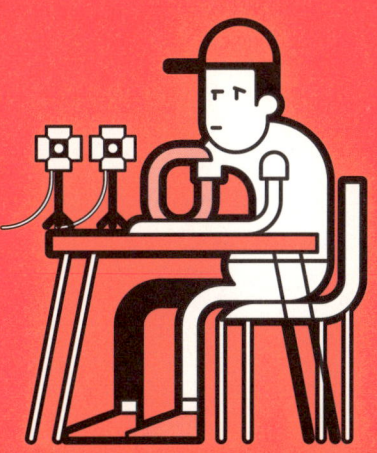

단편영화부터
시작하려는
신인들에게

결론부터 얘기하자. 단편영화부터 하면 단편영화 배우로 남게 될 공산이 크다. 왜냐구? 먼저 기술적으로 다르다. 단편 연기와 장편 연기는 호흡부터 다르다. 하루 24시간 이야기를 다루는 영화일지라도 6개월간 촬영하는 것이 영화다. 호흡의 연결이 굉장히 중요한 부분이다.

그래서 호흡이 짧은 단편영화를 통해서라도 연기감을 유지하고자 무작정 단편 영화를 찍어서는 안 된다는 이야기다. 사실 이것은 드라마나 영화 등에서 연기활동을 하고 있는 사람들을 위한 이야기다. 그렇다면 신인은 어떨까?
배우가 되고자 하는 신인들이 나에게 들려준 삶의 과정은 크게 다르지 않다. 그들의 이야기를 들어보자.

어릴 때부터 배우가 되고 싶었고, 예고에 입학하여 연기공부를 했다. 일부는 음악을 했다고 한다. 크게 차이는 없다. 대학입시를 앞두고 입시연기학원에 다니며 매월 40만원에서 70만원도 내며 연기를 배워서 대학에 들어가는데 성공했다. 대학시절엔 선배들과 학교 교수님들과 인맥도 만들며 노력했다.

그러던 중 막상 졸업을 코앞에 둔 시점이 되었다. 갑자기 쓰나미처럼 고민이 생겼다. 배우로서 경력을 쌓지 못한 채 졸업할 순 없다고 여기게 되었다. 그래서 졸업 전에 연기경험을 쌓고, 미래를 위한 무언가를 하고 싶다고 생각하게 된다. 그렇게 휴학을 감행하는 사람들이 늘어났다. 이들이 향하는 곳은 기획사 내지는 연극무대 또는 각종 오디션이다.

하지만 불합격의 연속이다. 무대에서 연기할 기회가 나에게 오지 않는다고 여긴다. 사람들이 아직 자기를 몰라서, 실제 만나지 못해서 그럴 뿐이라고 생각도 해본다.

그보다도 가장 걱정인 건 연기감 떨어질까 하는 두려운 마음이다. 대학시절에 배운 연기기술인데 오디션만 보러 다니다가 연기감 떨어지면 이도저도 안 될거라고 여긴다. 그래서 연기스터디에도 가입하고, 단편영화에도 지원해본다.

이번에는 졸업 후의 미래를 낙관적으로 여겼던 친구들의 이야기도 들어보자.

그들은 생각한다. '나는 졸업하면 다 잘 될 거야! 나는 지금까지 운이 좋았으니까.'라고. 그래서 미래에 대한 대책없이 졸업을 한다. 졸업 후 기획사 문을 두드리며 각종 오디션에 나가보는데 그들이 생각하지 못하던 현실에 직면하게 된다. 오디션장에 나가보면 자기와 경쟁할 사람들이 서너살 어린 건 기본이고 중고등학생이 나오는 걸 본다. 기획사를 방문하면 어린 친구들에 비해서 '상품가치'가 적다는 답변을 듣는다. 이게 무슨 말이냐 하면 '기획사에서 계약을 해도 작품에 출연시키거나 스타로 띄워서 광고를 찍어서 돈을 벌 수 있는 시간'이 어린 친구들에 비해 적다는 얘기다. '졸업만 하면 다 잘될 줄 알았는데?' 라고 생각하며 미래를 고민하던 이들 역시 마지막으로 걸음을 향하는 곳 역시 단편영화다.

이렇듯 대부분 대학생들이 마지막으로 여기며 가는 곳이 단편영화다. 물론 감독을 꿈꾸며 단편영화를 제작하는 사람들이 있다. 그들의 꿈과 희망을 무시하는 것이 아니다.

배우로서 성공을 꿈꾸는 대학생들의 이야기를 하고자 하는 것이다. 대부분 대학생들이 만드는 단편영화기에 전문적인 스태프도 없고, 충분한 자본도 없지만 카메라 앞에 설 수만 있어도 행복하다고 여기면서 그런 시간을 이어가게 된다.

단편영화로 연기감을 유지하면서 오디션과 기획사를 두드리다보니 어느새 서른 살이 지났다. 드라마 같은 이 슬픈 이야기는 실제로 일어나는 일이다. 영화에 비해 더욱 열악한 환경인 단편영화를 통해 연기감을 유지하려고 고민하는 신인들과 배우를 꿈꾸는 학생들에게 말하고 싶다.

주연배우를 꿈꾸고 있다면 단편영화는 삼가도록 하자.

단편영화는 자기 이미지 소비만 될 뿐이다. 상업영화나 지상파 드라마 제작진에서는 '갑자기 나타난 스타감'을 찾는다. 그들이 찾는 스타는 이미 알려진 스타라기보다는 그들이 새롭게 만들어낼 수 있는 '미지의 스타'를 말한다. 별처럼 갑자기 밝아져서 하늘을 비추는 스타를 찾는 것이다. 그들은 자신이 선택한 작품에 등장한 신인이 스타가 되면 그들을 발굴한 자신의 가치도 올라가기 때문이다.

유명한 감독일수록 시간이 지나면서 자신의 명성이 사라지는 걸 원하지 않는다. 그래서 그들은 신인을 발굴하고 스타로 만들면서 자신의 존재감을 갖고자 한다. 그런데 수많은 단편영화에 나가서 자신을 알리고, 자신의 이미지를 소비한다면? 유명한 감독들의 시야에는 당신이 보이지 않을 확률이 높다.

오디션을 볼 때 '저는 단편영화 경력이 많습니다! 단편영화에선 주인공이었습니다!' 라고 말하지 마라. 아마도 그들은 이렇게 말할 것이다.

"자, 다음 분 들어오세요!"

앞서 말한 내용은 대부분의 신인들이 잘 모르고 있는 부분이고 착각하는 부분이다. 신인들과 이야기를 할 때 그들은 놀란다. 아무 것도 모르고, 세상도 학교와 같겠지 추측하던 그들의 전략이 잘못이었다는 점을 알게 되는 순간이다. 스타가 되고 싶다면 본인의 이미지를 낭비하지 말아야 한다.

오디션에서
매번 탈락하는
신인들에게

"오디션이요? 말도 마세요. 제가 얼마나 많은 오디션을 봤는데요!" 오디션이라면 볼 만큼 다 봤다며 이제는 포기한다는 사람들이 있다. 손에 꼽을 수 없도록 많은 오디션을 봤는데 오디션만 봤다 하면 무조건 탈락이라고 한다. 이유를 모른다고 했다.

그래서 오디션이란 게 어쩌면 이미 비밀스레 만들어진 각본에 의해 움직이는 것이 아니냐는 생각도 하게 된다고 얘기를 덧붙였다. 흔히 말하는, 배역 줄 사람들은 미리 다 뽑아놓고 홍보를 위해 오디션을 하는 경우를 말하는 것이다. 반은 맞고 반은 틀린 얘기다.

오디션을 하는 이유는 실제 배역을 찾기 위함이 주된 목적이지만 물론 홍보의 목적도 있다.

오디션은 글자 그대로 실력을 겨루는 기회다. 설령 당신이 모르는 비밀스런 약속이 그들 사이에 존재한다고 하더라도 그들의 계획을 깨버릴 실력과 재능이 당신에게 있다면 아무 문제가 안 된다. 스포츠를 보자. 편파판정과 오심으로 얼룩진 최악의 경기라고 해서 다시 시합하자고 할 수 없다. 하지만 이런 오심과 편파판정이 들이 댈 수 없을 만큼의 실력으로 이긴다면 오심이나 편파판정은 쓸모가 없다. 스스로 실력도 충분하다고 생각하는데 자꾸 당신이 오디션에서 탈락하는 이유는 뭘까?

결론부터 말하자면 오디션에 탈락하는 이유는 당신 실력이나 외모 때문이 아니라 눈빛 때문일 수 있다. 당신이 무수히 치렀다는 그 오디션은 심사위원들은 지겨울 정도로 심사를 해온 사람들이다.

심지어 당신이 태어나기 전부터, 당신이 아장아장 걸음마를 시작할 무렵부터 심사위원이었던 사람도 있다. 그런 사람들 앞에서 오디션 선발의 기준을 스스로 단정짓는 것은 예의가 아니다. 그들은 당신이 심사장 문을 열고 들어오는 순간부터 당신의 모든 걸 다 안다. 팔 동작, 발걸음 폭, 대답소리만 들어도 어느 정도 감을 잡는다.
'노래하라고 시키더니 한두 마디 불렀을 뿐인데도 수고했다고 하면서 나가라고 하던데요?'
그나마 노래를 시켜본 건 행여 그들이 발견하지 못한 당신의 숨은 재능이 있지 않을까 고려해준 경우다. 심사위원들은 사실 지원자들의 연기나 노래, 춤을 보는 게 아니다. 그들은 당신들이 잘하는 것들을 금새 파악하고, 못하더라도 뭘 더 노력하면 잘하게 되는지 다 안다. 심사위원들은 '숨은 진주'를 발굴하려고 모든 노력을 한다. 그래서 지원자들에게서 보는 건 '눈빛' 뿐이다.
"눈빛만으로 어떻게 제 재능을 알죠?"
다 안다. 생각해보자. 당신이 어떤 게임을 잘한다고 생각해보자. 처음에는 실수도 하고 플레이에 서툴렀지만 시간이 갈수록 게임에 대한 이해도가 높아지면서 어떤 공격이 들어올지 예상이 될 것이다. 그러다 보면 그 공격에 대한 방어법도 생각하게 되며 실력이 더 늘어나는 것이다.

오디션이라고 다르지 않다. 심사위원들은 오랜 시간을 심사위원으로 지내오면서 나름의 심사하는 방법과 요령을 만들어둔 상황이다. 수많은 참가자들이 오는 오디션을 심사하며 자기들만의 공식을 만들어두고 시간을 절약하는 방법을 알아낸 사람들이다.

그 공식 중에 제일 중요한 건 눈빛이다. '눈빛'은 그 사람의 영혼을 드러낸다고도 한다. 그래서 눈빛을 보면 지금 불안해하는지, 자심감이 있는지 없는지, 무슨 생각을 하는지 모든 것이 드러나게 된다. 합격하고 싶은 마음에 간절하고 안하고의 문제가 아니다.

노래를 잘하고 연기를 잘하는 사람들만이 갖는 눈빛이 있다. 현장에선 그걸 '기'라고 말한다. 오디션을 앞두고 있는가? 그렇다면 '눈빛'을 준비하자. 당신의 눈빛만으로도 충분하다.

스스로
끼가 넘친다는
신인들에게

"끼가 있어야 연예인 하고 스타가 되는데. 어디 당신의 끼를 좀 보여 주세요." 오디션에 가면 심사위원들 중에 이런 이야기를 하는 사람이 있다. 특히 비공개오디션에서 많이 나오는 이야기다. 과연 끼가 무엇일까? 잠깐 생각해보자.

명확하게 답이 나왔는지 모르겠다. 하지만 정의를 내리기 쉽지 않을 것이다. 떨리는 오디션의 자리에서 '끼'에 대해서 생각해야 한다면 지원자 입장에서는 도대체 어떤 끼를 말하는 건지 난감해 할 것이다. 애교를 부리라는 건지, 남자 앞에서 여자가 부리는 '끼'를 말하는 건지 이해가 안 된다. 그런데 이 말을 한 심사위원이 다시 이야기한다.
"끼 없어요?"
많은 이야기를 들어보면 지원자는 이 순간 주로 두 가지 경우로 대답한다. "어떤 끼를 보고 싶으세요?" 라고 묻거나 혹은 갑작스레 '요염한 색기色氣'를 연기하듯 보여준다. 심사위원을 꼬시기라도 하겠다는 것처럼 요염한 동작과 눈빛 그리고, 표정을 짓는다. 그 모습을 보던 심사위원이 웃고 만다. 오디션에 온 지원자가 '끼'를 보여 달라는 얘기를 모른다고 하거나 색기라는 객기를 부리는 경우가 있다면? 심사위원들 또한 난감하다고 말한다.

"저 학교 다닐 때 잘 놀았어요. 날라리였거든요. 그 정도면 끼 있는 거 아닌가요?"
필자의 경우 예전에 신인과 미팅을 하던 중 이런 이야기를 들은 적이 있다. 내 눈을 빤히 쳐다보던 신인은 주변에서 '끼'가 있다는 말을 많이 들어서 연예인이 되려고 했다는 것이다. 이는 한편으로 남들 못지 않은 끼가 충만하니까 캐스팅하라는 무언의 압박이기도 하였다.

그런데 이처럼 '끼'에 대해서 정확히 알지 못하는 지원자가 많다. 사실 현장에서 말하는 '끼'는 여러 가지가 아니다. 끼가 여러 개 있는 것도 아닌데 왜 이처럼 다른 생각을 하게 된 걸까?

그 이유는 한 가지, 신인이나 오디션 지원자가 만나본 심사위원이 진짜가 아닌 가짜였기 때문이다. 그들은 지원자나 신인들에게 끼가 '요염한 색기' 내지는 '남자 꼬시는 아양' 또는 '섹시미를 들춰내는 것'이라고 설명하고 그들에게 그런 끼를 요구한다.
"오디션장에 가면 심사위원들을 네 편으로 꼬시는 거야. 그러려면 눈빛으로 너를 갖고 싶어 할 정도로 감정을 담아 봐."
"너는 끼 있어? 그러면 내가 너를 마음에 들어 하게 꼬셔 봐. 끼 좀 부려 봐."

이 정도는 약과다. 어떤 신인은 오디션에 갔는데 이번 역할은 노출 씬도 있으니 여기서 '벗어 봐' 라는 요구를 받기도 했고, 다짜고짜 '울어 봐!'라고 요구를 받기도 했다. 어느 여자 신인 배우는 오디션에 오라고 해서 갔더니 개인 오피스텔 같은 곳이었다고 한다. 나이 지긋한 남자가 시나리오를 보여주고 주연을 시켜주겠다고 하는데 상대배우가 그 남자인 경우도 있었다고 한다. 20살 초반 여자배우와 중년의 남자가 연기하는 작품이라니? 이 경우는 작품이 아니라 신인들이나 지원자를 노리는 음흉한 사람들의 덫인 경우라고 봐야 한다. 그렇다면 심사위원들이 말하는, 오디션에서 보여줘야 하는 끼는 무엇일까?

진짜 오디션에서 말하는, 신인에게 필요한 '끼'란 무대 위에서 보여야 하고 카메라 앞에서 드러내야 하는 눈빛을 말한다. 강하고 섹시하며 때로는 순진하고 순박한 기운을 말한다.

가수를 예로 들어보자. 가수가 노래만 잘 하는 것이 중요한 게 아니다. 가수는 노래를 부를 때 가사에 감정을 담아 불러야 듣는 사람에게 감동이 전달되는데, 이럴 때 필요한 것이 '끼'다. 노래를 듣는 사람들이 보는 건 가수의 입이 아니라 가수의 눈빛이다. 거기서 가수가 들려주고자 하는 감정을 느끼는 것이다. 가수의 노래는 사람들의 귀로 들어가지만 사람들은 가수의 눈을 본다는 얘기다.
연기자도 마찬가지다. 연기를 보이라는 게 아니라 눈빛으로 말해보라는 의미다. 감정연기를 해보라는 식이다. 연기자들은 카메라 앞에서 쫄지 않고 자기감정을 남들이 믿도록 실제 모습을 보여 보라는 얘기다.

왜 그들의 끼가, 그들의 눈빛이 중요한 것일까? 이것이 중요한 이유는 심사위원이 신인이나 지원자들의 이미지만 보고 그들을 캐스팅할 경우 카메라 앞에 두고 촬영을 할 때면 난감한 상황이 생기기 때문이다. 이미지만 보고 뽑았다가 카메라 앞에서 갑자기 우는 사람도 있었고, 갑자기 얼어붙어서 말 한 마디 못하고, 손가락 하나도 움직이지 못하는 경우도 숱하게 많았다. 그도 그럴 것이 촬영장엔 연기자 혼자만 있는 게 아니기 때문이다. 최소한 수십여 명이나 그 연기자 한 명만을 지켜보는 앞에서 마치 자기 혼자인 듯 연기를 할 수 있는 사람은 흔치 않다. 심사위원이 말하는 '끼'가 있어야 하는 순간이다. 물론 현장에선 심사위원들이 말하는 이런 '끼'가 아닌 남다른 '끼'가 필요할 경우도 있다. 지금도 왕성하게 활동하는 모 연기자는 연인 씬을 연기해야하는 작품에선 상대 배우랑 초면에 만나자마자 '키스 씬'부터 해야 하는 일도 있다고 했다. 처음 만난 사이에 "안녕하세요!" 라고 인사하자마자 바로 연인처럼 눈빛 교환하고 키스까지 해야 하는 상황, 보통 사람 정신으론 힘든 순간 아닌가?

그래서 가수나 배우에게 필요한 '끼'란 건 '생각하는 연기가 아니라 실제 감정 이입에서 나오는 행동'이어야 하고, '외워 부르는 노래가 아니라 감정을 노래하는 눈빛'을 말한다. 오디션에서 보고자 하는 '끼'라는 것도 행동과 눈빛이란 얘기다. 학창시절부터 놀아본 끼를 말하는 게 아니다. 요염한 색기도 아닌 것이다.

인맥으로
떠보려는
신인들에게

배역을 따내고, 노래할 무대를 얻으려면 돈을 갖다 주거나 제작진에서 힘 있는 사람이랑 연인이 되어야 한다는 이야기를 들어본 적이 있는가? 이렇게 알고 있다면 생각을 바꿔라. 이는 더 이상 적용되는 이야기가 아니다. 혹시라도 이런 이야기를 들어본 적 있는지 생각해보자.

"프로필 사진을 찍으러 갔는데 거기 포토그래퍼가 자기랑 사귀재요. 그 사람 유부남인 거 다 아는데 자기가 힘 있는 사람이랑 돈 많은 투자자나 감독들 많이 안다고 하면서 사귀자고 하던데요?"
"기획사 들어갔는데 거기 매니저가 자기랑 사귀재요. 자기가 방송 쪽이랑 영화 쪽이랑 다 아니까 자기랑 사귀면 자기가 일 다 봐주겠다는데요?"
"어느 기획사 들어가면 데뷔하기 위해선 거기 사장이랑 자야 된데요. 연인처럼 지내야만 데뷔 시켜주고 노래도 주고 드라마나 영화에도 출연시켜준다는데요? 원래 다 그런가요?"
"프로필 돌리러 에이전시에 갔는데 거기 실장이란 사람이 저녁에 오디션 있다고 해서 가봤더니 술자리인 거예요. 거기엔 무슨 광고 주라고 하든가? 영화감독이라고 하면서 미팅하자고 하던데 제 눈에는 그렇게 안 보이고 그냥 술 마시면서 접대부가 된 느낌이었어요. 집에 와서 얼마나 울었는지 몰라요. 앞으로 중요한 오디션에서 입으려고 제가 가진 제일 예쁜 옷 입고 메이크업도 완벽하게 해서 나간 건데."

"어떤 감독을 알게 되었는데요, 자기랑 작품 같이 하자고 하더니 틈만 나면 불러내는 거예요. 그러면서 무슨 제작자이니 투자자이니 그런 사람들이랑 자기가 술 마시고 밥 먹는 자리에 저를 불러내서 인사 시키고 그러네요. 저는 배우이고 싶고 연기를 하고 싶은 건데 왜 제가 그런 자리에 나가야하죠?"

숱하게 들어봤을 루머일 것이다. 하지만 루머가 아니다. 실제 신인들에게서 들은 이야기들이다. 내가 이런 이야기를 해주는 신인들에게 해주는 대답은 항상 같다. 상대방에게 그 즉시 'NO!'라고 말해주라는 얘기였다.

부적절한 관계를 통해 뜨는 것은 말도 안 된다. 설사 그렇게 뜨더라도 한순간일 뿐이다. 요즘 세상은 인터넷 세상이고 비밀이 없다. 부적절한 인맥을 만들려고 하면서 그런 비밀을 아무도 모를 것이라고 생각하는 경우가 있다. 하지만 절대 아니다. 일단 최소한 당사자들은 아는 것 아닌가? 어느 순간 누구의 입에서 나가든 인터넷에 올라가는 순간엔 가수건 배우건 모든 무대가 사라진다. 명심해야 한다. 당신이 얻어낸 그 자리를 원하는 수백 명, 수천 명의 경쟁자들이 있다는 사실을. 그리고 그들은 당신이 그 자리에서 내려오기를 기다린다는 것을. 한 신인이 오디션도 없이 갑자기 데뷔하여 드라마, 영화, 음악프로그램에 출연하고 광고도 찍었다면 현장에선 이런 이야기가 나온다.

"쟤는 연기도 못하는데 어떻게 이 작품에 출연했지?"
"저런 노래 실력으로 이번 앨범 어떻게 낸 거야?"

"무슨 광고를 찍었다고? 쟤는 인기도 없는 것 같고, 아는 사람들도 별로 없는데 어떻게 좋은 광고랑 작품엔 다 얼굴을 비추는 거야?"
대중의 인기를 얻지 못했는데도 좋은 작품과 중요한 무대에 서는 신인들이 있다면 현장에서 먼저 이상한 낌새를 눈치 챈다. 연예계에서, 방송가에서 수십 년을 일해 온 사람들인지라 누가 먼저 말하지 않아도 딱 보면 아는 그런 느낌이 있어서다.
현장 스태프들에게 인정을 받지 못하는 가수랑 연기자는 실제 스타로 커나갈 수 없다. 그 사람은 결국 어떻게 될까? 좁디좁은 연예계와 방송가에서 이런 사람들은 곧 사라지게 마련이다. 아니 땐 굴뚝에 연기가 날 수도 있는 곳이 있다면 그곳이 바로 연예계와 방송가다. 워낙 말로 먹고 살고, 기회로 먹고 사는 곳이다. 또한 자기가 못 가진 걸 누군가 쉽게 가진 걸 알게 되면 그걸 두고 못 보는 게 이곳이다. 인터넷에서, 어딘가에서 안 좋은 소문이 나고 제작진에게, 대중들에게 쉽사리 전파가 된다. 그리고 얼마 후에는 촉망받던 신인이라던 그 사람은 소리 소문 없이 사라진다.

혹시라도 성공을 위해 부적절한 인맥을 만들어서 성공하고자 한다면 과감히 포기하라. 세상에 비밀은 없다.

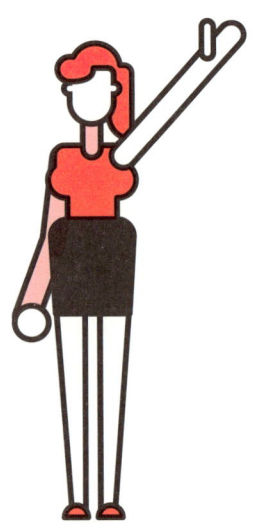

스타를 꿈꾸는, 신인들은 절대 모르는 전략

연예인을 꿈꾸는, 당신이 궁금해 하는 기획사

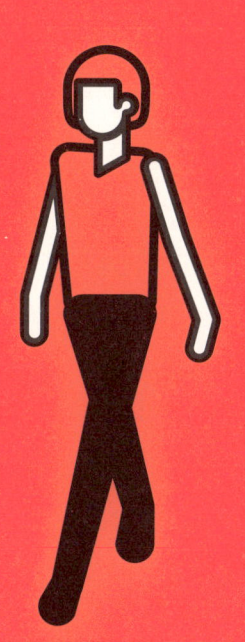
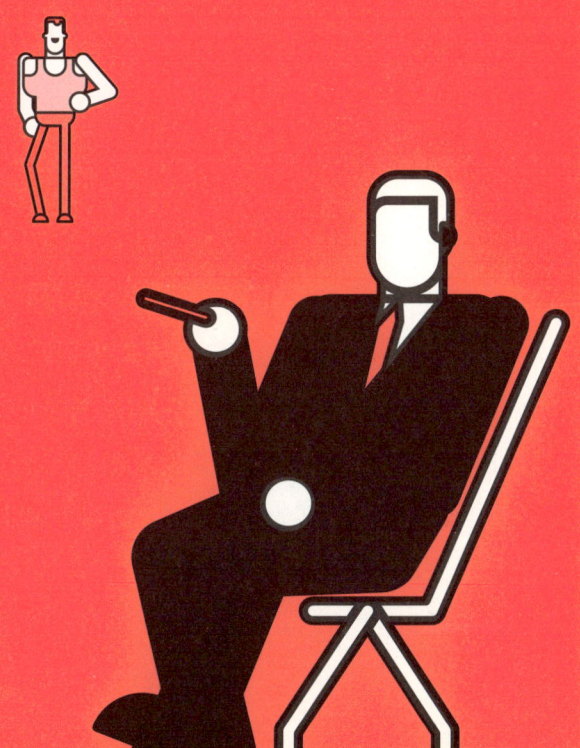

기획사에서
공개오디션을
하는 이유

연예계에서는 신인이랑 기획사가 같이 떠야한다는 속설이 있다. 신인도 절박하지만 기획사도 절박하다. 앞서 이야기했듯이 소속사에서는 연예인 1명 관리하는 데만 연간 수천만 원 이상의 돈이 들어가는 상황이다. 그래서 반드시 신인들 중에서 스타를 만들기 위해 노력하는 것이다. 그러다보면 기획사도 함께 크게 되는 것이다. 공개오디션을 하는 이유는 크게 세 가지다.

첫 번째는 신인발굴이다.
그런데 신인과 같이 뜬다는 속설과 다르게 이미 뜬 스타들과 계약하는 기획사의 이야기도 자주 들려온다.

사실 그 목적은 기존의 스타를 영입하면서 그들로부터 돈을 벌겠다는 게 아니라 신인들을 데려오기 위한 목적으로 사용하는 것이다. 인기 모 그룹이 있는 기획사라고 홍보해야만 신인들이 들어오기 때문이다. 기획사로서는 유망한 신인을 찾아서 확보해야만 하는 이유가 크기에 스타를 얼굴마담으로 앞에 내세우는 것이다.

그래서 스타의 인지도를 앞세워 기획사들은 공개오디션을 한다. 공개오디션이 없다면 기획사에서 찾는 신인은 대부분 알음알음으로 소개받게 되는데 기획사 사장과 친구 관계인 대학교수들로부터 혹은 주변 지인들로부터도 소개를 받는다. 하지만 이것만 믿고 기다리기엔 스타를 발굴할 확률이 너무 낮다. 그래서 기획사에서는 스타감을 찾기 위한 확률을 높이기 위해서 공개오디션을 연다.

두 번째는 기획사 업무의 효율 때문이다.
공개오디션 공고를 내면 기획사는 일주일에 많게는 수천 명의 지원자 연락을 받는다. 당신이 유명 기획사 사이트에서 이메일 주소를 발견하고 프로필을 넣었다고 해보자. 당신과 같이 지원하는 사람 수가 몇 명이나 될까? 전국적으로 최소 1,000명이 넘는다.

그렇다면 프로필 검토를 1분씩만 한다고 해도 1,000개의 프로필을 1,000분 동안 살펴보아야 한다는 이야기고 시간으로 따지면 16시간이나 필요하다. 그것도 한 사람당 1분씩만 봤을 때다. 그런데 놀랄 만한 일은 오디션에 신청한 사람이 한달동안 1,000명이 아니다. 하루에 1,000명이 지원하는 곳도 많고, 일주일에 수천 명이 지원하는 곳이 대부분이다.
이 수많은 지원자들이 신청할 때마다 불러서 그들이 스타의 자질이 있는지 확인하지 않는다. 대신 한 날 한 시에 모아두고 심사를 할 사람들이 모여서 다 같이 미팅하는 방식으로 오디션을 진행한다. 그래야만 시간적으로도, 비용적으로도 효율이 좋다. 물론 이 경우에도 지원자 1인을 심사위원들이 만나는 시간은 굉장히 짧다. 5분이라고 계산하더라도 83시간이다. 그래서 보통 3분 이내에 모든 걸 결정한다. 그렇게 1차 심사, 2차 심사, 3차 심사까지 거쳐 가도 가끔 괜찮은 신인을 찾지 못하는 때도 많고, 오디션 심사 때 탈락한 신인이 다른 기획사에서 성공적으로 데뷔하기도 한다.

마지막은 부가적으로 지원자들에게 회사 홍보를 하기 위한 목적도 있다. 공개오디션에 참가하기 전에 자신의 재능과는 별개로 회사에 대해 알아야 한다는 생각 때문에 기획사에 대해서 찾아보게 된다. 그래서 공개오디션을 통해 기획사 이름을 알리면서 소속 연예인을 알리는 방법으로 사용되기도 한다.

"그럼 홍보를 위한 공개오디션을 통해서는 신인을 뽑지 않는 건가요?"
아니다. 되도록 공개오디션을 통해서 일단 한 명이라도 뽑는다.
하지만 그 사람이 데뷔를 하고 스타가 된다는 보장은 못 한다. 오디션에 붙어서 기획사에서 연습생 생활을 한다고 해도 데뷔를 보장받는 것도 아니다.

스타가 되리란 보장도 없다. 말하자면 기획사 공개오디션에 지원을 하되 데뷔와 함께 스타로 가는 길이란 생각을 버리란 얘기다. 자신이 배우가 되고 싶고 가수가 되고 싶은데 기획사 공개오디션이라는 문을 하나 통과한다고만 생각하자. 그뿐이다.

연예인을 꿈꾸는, 당신이 궁금해하는 기획사

왜 연습생을
쉬지 않고
뽑을까?

매번 공개 오디션을 통해 연습생을 뽑아가는데 데뷔하는 신인은 보이지 않는다. 그런데도 또 공개오디션을 통해서 연습생을 뽑는다. 그 많은 연습생들이 있는데도 왜 쉬지 않고 뽑을까?

냉정하게 말하자. 사실 기획사는 연습생을 많이 뽑을 필요가 전혀 없다. 연습생들은 지출이지 수입이 아니다. 일부 기획사는 연습생을 배려하며 연습실에 오고가는 교통비를 주는 곳도 있다.

각 회사마다 여건에 따라 지원방식이 다른데, 이건 모두 비용인 것이다. 그래서 돈을 벌기 위해 일하는 기획사에게 있어서 엄밀히 따지자면 연습생을 쉬지 않고 뽑을 필요가 없다.

기획사에서 연습을 뽑는 이유는 현재 소속으로 활동 중인 사람들로만은 매출이 생기지 않아서다. 회사에서 현재 데리고 있는 신인들로 매출 올리기가 어렵다면 어떻게 해야 할까? 그들을 처음 뽑을 때는 분명 될 것 같은 예감으로 선발하고 기대를 갖고 투자했으며 관리도 시켰는데 결과가 기대와 딴 판인 경우다.

그래서 기획사에서는 항상 새로운 신인을 찾는다. 어떻게 하든 신인을 찾아내서 데뷔시켜야만 하는 데가 기획사다. 그래야만 투자한 돈을 찾고 수익도 낼 수 있어서다. 기획사에서는 사람들이 좋아할 만한 신인을 발굴하고 스타감이 될 만한, 끼와 재능을 갖춘 인재를 찾기 위해 자꾸 연습생을 뽑는 것이다.

"기획사에 들어가고 싶은 건 오디션 정보 때문이에요!"

신인은 정보를 얻고자 한다. 그런데 기획사에서 신인을 뽑는 이유는 돈을 벌기 위해서다.

얼핏 들으면 쌍방이 모두 이해관계가 맞는 것 같다. 오디션 정보를 얻으려는 신인과 신인을 얻으려는 기획사다. 과연 그럴까? 어떤 관계가 있을까?

결론을 말하자면, 기획사에서는 신인을 확보하되 오디션 정보를 얻는 방법을 신인에게 전달해주진 않는다. 신인 입장에선 기획사가 전해주는 오디션 정보만 듣고 지원을 하는 식이다. 오디션 정보를 누가 줬는지, 어디에서 얻는지 신인으로선 전혀 알 길이 없다.

이런 점은 업계 룰이기도 한데, 자기 사업 정보를 신인에게 함부로 알려주지 않는 이유이기도 하다.

"기획사에서 들어갔다가 계약기간 5년 지나서 나이만 먹고 나왔어요. 그러면 신인을 함부로 뽑지 말아야죠? 남의 인생을 망치면 안 되잖아요?"

이런 이야기를 하는 신인들이 많다. 처음엔 금방이라도 스타가 될 것처럼, 스타로 밀어줄 것처럼 얘기하지만 정작 기획사에 돈이 없다면 신인을 밀어줄 힘이 없어서다. 기획사가 제작사가 되지 않는한, 기획사가 자체 콘텐츠를 만들어서 팔지 않는다면 무조건 남의오디션에 신인을 데리고 가서 지원하게 하고 거기서 받는 출연료를수입으로 해야 할 텐데 이게 쉽지 않아서다. 신인 입장에선 기획사만 믿고 들어갔는데 오디션 몇 번 봤지만 이렇다 할 기회도 얻지 못한 채 혼자 뛰어야 하는 신분이 될 수 있다.

"혼자 뛰어볼래요. 정보도 얻고 경험도 쌓고요. 나중에 혼자 해서잘 되면 기획사들이 저랑 계약 맺자고 하겠죠? 그러면 그때 좋은조건 말하고 생각해 볼래요."

꿈이 참 야무지다. 이런 경우가 적지 않다. 그런데 조금만 생각해보면 지금 이런 생각이 얼마나 무모한 것인지 알 것이다. 예를 들어, 방송가에서 스타로 활동하며 수십 년간 인기를 누린 사람이 있다. 이 사람은 방송가 PD들도 다 알고 밤무대 행사, 지방공연업체등도 다 안다. 누가 보더라도 이런 사람이 기획사를 차리면 진짜 제대로 돈 벌 거라고 여긴다. 그런데 결과는?
실제 스타급 연예인 출신 사람들이 차린 기획사가 종종 생겼는데대부분 망했다. 스타로 활동하는 것과 기획사를 운영한다는 건 엄연히 다른 문제라서 그렇다. 그런데 정보도 없고, 방송가와 연예계인맥도 없는 당신이 무슨 재주로 혼자 할까? 가능한 일들은 있다.학생들 단편영화 혹은 무명의 배우도 받아주는 연극무대, 신인들이 자기 이미지 소비하는 광고 또는 각종 저렴한 화보촬영 뿐이다. 그렇게 몇 년 지나다 보면 나이만 들고 당신은 슬슬 미래에 대해 심각하게 고민하게 된다.

"기획사가 저를 몰라보다니! 나중에 잘 되어서 저를 몰라본 그곳 사람들에게 보란 듯이 될 거예요."

기획사가 당신을 몰라본 게 아니라 당신이 기획사를 만날 그 순간엔 당신에게서 어떠한 끼나 재능, 가능성도 찾지 못한 경우다. 그 이후로 당신이 여전히 혼자 힘들게 프로필 돌리고 정보를 찾는 중이라면? 당신은 가수나 배우를 할 게 아니라 다른 길을 찾아야하는 게 맞다. 혹시라도 당신에게 누군가 다가와서 "우리 회사에 오세요!"라고 한다면 그건 둘 중 하나다. 당신이 돈을 내야하거나 혹은 지루한 무명의 세월을 보낼 이웃이 생기거나 둘중 한 가지다.

기획사에서
비용을
계산하는 이유

신인 1명을 관리하는 지출하는 소속사의 비용은 1년에 1억 원 가량이 된다. 그런데 대형 기획사를 제외한 대부분의 기획사가 적은 돈으로 시작하다 보니 1년도 안 되어서 자금이 바닥나고 더 이상 소속 연기자나 가수들을 키워줄 힘을 잃게 된다.

어떻게 할까? 대부분의 경우 회사 문을 닫으며 다음에 다시 보자고 한다. 영화 속 대사처럼 그동안 다 같이 행복한 꿈을 꿀 수 있어서 고맙다고 한다. 가슴을 울리는 말일 수도 있지만 결국에는 회사 문 닫는다는 얘기를 그냥 그렇게 돌려서 말한 것이다.

"제가 있던 기획사는 저한테 그러던데요? 그동안 비용이 얼마 들어 갔으니 아직 계약기간도 남았지만 계약을 해지하려면 부탁 하나 들어 달래요. 그러면서 모바일 섹시화보를 찍자고 하더군요. 그거 찍으면 몇 천 만원은 계약금으로 받나 봐요. 저 이거 해야 해요? 말아야 해요?"

– 준주연급 여자배우 D씨–

그런데 기획사와 계약을 해지하려면 그동안 자신에게 들어간 비용에 대한 돈을 내야한다. 신인이 돈이 없는 것을 아는 기획사는 섹시 화보를 찍자고 제안하기도 한다. 섹시화보 찍기는 싫은데 기획사랑 계약해지 하려면 돈을 내야하고, 그렇게 갈등하다보면 자기합리화가 시작된다. '내 인지도를 높일 수 있는 기회야. 뭐 어때? 나쁘지 않은 것 같아' 라고 말이다.

요즘 기획사가 20살 이상의 신인과 계약을 할 때 보통 3년 혹은 5년 정도의 기간에 수익 정산비율이 5:5 혹은 6:4 정도로 조건을 건다. 추가로 계약금은 주고받지 않는 걸로 하는데 그 이면에는 비용을 기획사가 부담하는 조건으로 넣어둔다. 그래서 신인이 계약을 해지하고자 할 경우엔 기획사에서 쓴 비용을 물어주고 나가야 한다는 장치로 쓰는 셈이다.

기획사들은 왜 계약금을 주지 않으면서 비용은 준다고 할까?
계약금을 안 주면 신인 확보하는데 자금이 들지 않기 때문이다. 나중에 오디션 데리고 다니고 미팅 다닐 때 들어가는 비용이 있긴 하지만 그 정도는 헤어샵이랑 협력관계이기 때문에 나중에 줘도 되고 큰 부담이 될 정도는 아니다. 신인이 제대로 한방만 터뜨려주면 그 정도 돈은 금방 번다고도 여긴다.

하지만 신인확보에 들어가는 비용은 문제가 되기도 한다.
신인을 데리고 미팅도 다니고 오디션도 넣어봤는데 캐스팅도 안 되고 그러면 슬슬 골치 아파지기 시작한다. 새로운 연습생을 찾고 신인을 발굴해보려고 하지만 그래도 사정은 크게 나아지지 않는다. 시간이 흐르고 기존 소속 아티스트들은 나이만 먹는다. 그래서 상호간에 계약해지에 대한 이야기가 나오고 아티스트와 기획사가 결국엔 의견일치를 본다.

좋게 해어지는 경우도 많다. 하지만 문제는 돈이 걸렸을 때 좋게 끝나지 않는다. 계약기간이 남았는데 그동안 감정 삭힌 기억도 있다면? 기획사에서 계약해지를 하면서 비용 부담에 관한 이야기를 꺼낸다. 그동안 기획사가 얼마를 썼는데 그게 모두 너를 위해 쓴 돈이니 일정 부분은 갚으라고도 한다. 그게 아니라면 마지막으로 회사를 위해서 일 하나만 해달라고 한다. 그것이 위에서 나왔던 섹시화보 촬영이기도 하고, 광고촬영이긴 하나 모델료가 엄청 낮은 일, 그것도 아티스트에겐 수입을 안 주고 회사가 다 갖는 조건으로 일을 하게 된다. 신인과 계약을 한 기획사, 비용을 따지는 이유는 최소한의 투자금 회수목적이기도 하다. 신인 입장에선 계약서를 꼼꼼히 살펴서 비용부담 조항을 삭제해야 좋긴 하지만 기획사 입장에선 이 비용을 회수할 아이디어를 짜내야하는 게 일이 된다. 물론 신인과 기획사 모두 잘 되어서 돈도 벌고 수익도 많이 냈다면 상관없을 테지만 말이다. 항상 돈이 문제다.

"가족 같은 회사면 괜찮아요? 가족끼리는 돈 문제를 그렇게 따지진 않잖아요?"

일례로 국내에서 내로라하는 가수가 결혼과 동시에 잠시 활동을 멈

췄다고 하자. 그 회사는 오랜 동안 수많은 행사를 했고 이 가수도 돈을 많이 벌었다. 과연 이 가수의 결혼 후에도 회사나 가수로서나 자금 사정은 괜찮을까?

아니다. 밖에서 보는 모습이랑 기획사 내부에서 돌아가는 현실은 전혀 다르다. 연예기획사 사장이 10억 원대 자동차를 타고 다닌다고 해서 돈이 많은 게 아니다. 그 회사 직원들은 몇 개월 째 급여도 제대로 못 받고 있을 수 있고 사장의 자동차는 가압류에 걸릴 수도 있다. 세금도 못 내고 사무실 임대료도 못 내는 경우가 허다하다.

연예인은 괜찮을까?

역시 아니다. 일이 없어도 가수나 배우에게는 품위유지비가 필요하다. 지인과 만날 때 외제자동차가 필수다. 차가 바뀌거나 대중교통을 이용한다면 그 순간 동료 연예인이나 방송가 등에서 의심의 눈초리를 받는다. 일이 없나? 돈이 없나? 운이 다 떨어졌나? 온갖 추측이 오가고 심지어 여자에게는 스폰서 제안을 하기도 하고 남자에게는 이런저런 지방행사 등이 들어온다.

힘들 테니 아무 행사나 하라는 식인데 이럴 때 가수나 배우들이 깨닫는다. 없어도 있는 척 하고 다녀야 일이 들어와도 좋은 게 오는구나! 외모, 이미지, 돈, 운, 인기, 인맥이 중요한 분야이기 때문이다. 생각해보자. 영화나 드라마, 앨범, 광고? 어느 것 하나라도 '돈'과 연결 안 된 게 없다. 그 아티스트가 나오면 관객이 많아야 하고 돈을 벌어야 하는 게 목표다. 그런데 가난한 스타가 나온다? 그 얘긴

연예인을 꿈꾸는, 당신이 궁금해하는 기획사

그 사람이랑 같이 일하면 안 된다는 이야기가 된다.

운이 좋은 사람들끼리 같이 해도 될까 말까한데 요즘 돈도 못 벌어서 힘든 사람이랑 같이 작업을 한다? 그건 같이 죽자는 얘기밖에 안 된다고 여긴다. 매일 보면 최고급 스포츠카 끌고 다니며 강남 일대를 휘젓는 스타들이라고 해서 그들의 지갑 속에 돈이 많은 게 아니라는 얘기다.

스캔들 팡팡 터뜨리고 다녀도 그게 단지 화제 이슈를 만들기 위한 장사이고 실속은 잘 짜인 각본이 되는 경우도 있다는 얘기다. 스타들에게 가장 중요한 건 팬들이고, 인기와 화제의 중심에 서는 것이다. 그러면 돈이 들어온다고 여긴다.

기획사에서 신인을 계약할 때 비용을 누가 부담할 것인지 고민하는 이유다. 신인이건 스타이건 아무튼 계약한 이상 기획사에서는 그들의 대외적 품위유지비를 지원해줘야 할 필요가 생기는데 그 금액이 적지 않아서다.

기획사는
왜 장기계약을
계약 요구할까?

  기획사에서는 신인과 계약할 때 5년 혹은 7년을 요구한다. 요즘엔 1년 또는 3년 계약도 많은데 대부분 소속 기간은 5년에서 7년을 요구하는 게 일반적이다. '나의 가치를 알고 장기계약을 하는 것일까? 아니면 미래가 어떻게 될지 모르니 노예계약처럼 오래 묶어두려는걸까?' 많은 생각이 들 것이다.

하지만 진짜 이유는 방송 쪽과 영화계의 업무 흐름 때문이기도 하다. 기획사에서 그냥 요구하는 수치가 아니라는 말이다.

예를 들어, 방송가의 경우 드라마를 생각해보자. 방송국 드라마팀에서 드라마를 기획하면 작가를 붙이고 시놉시스를 짜고 1~3회차 분량의 대본을 만들어야 한다. 주연배우 캐스팅은 물론이다. 보통 방송대본 3회차 정도, 주연배우와 작가를 지정해야 한다. 그래야만 방송국 편성회의에 기획안을 올릴 수 있다.

방송국 편성회의에서는 주연배우의 인지도, 스타성, 시청률 영향을 고려하여 작가와 연출자, 제작사 제작능력까지 골고루 평가하여 기획안 편성 여부를 결정한다. 주연배우는 괜찮은데 작가가 무명이거나 신인일 경우, 제작사의 자금능력이 검증되지 않았을 경우, 연출자의 드라마 연출능력을 잘 모르는 경우엔 아무리 좋은 드라마 기획안이라고 하더라도 편성을 해주지 않는다.

설사 드라마 기획안이 통과되어 방송편성이 된다고 해도 그 시기는 1년 뒤다. 가령 2015년 가을에 드라마 기획안 회의를 하고 편성의향서를 만들었다고 하면 방송편성이 되는 시기는 2016년 후반기쯤이라고 예상되는게 전부이다.

외주제작사에게 편성의향서를 내주고 일정 기한까지 준비상태를 끝내라는 협의를 나눈다. 이는 그때까지 드라마를 일부 제작해두고 정상적인 방영준비를 해둬야만 편성을 실행에 옮기고 방송으로 틀어줄 수 있다는 의미가 숨어 있는 것이다. 이는 아무리 빨라도 1년 이상 필요하다. 드라마는 오늘 기획한다고 해서 몇 달 뒤에 바로 제작에 들어가는 게 아니란 이야기다.

편성에 성공한 드라마는 16부작인 경우가 많다. 2~3개월 기간 정도 방영된다. 쪽대본이라는 단어가 많이 알려진 것처럼 시청자들의 실시간 반응에 따라 드라마 스토리가 실시간으로 변경되기도 하는 것이 현실이다. 그래서 실시간 드라마라는 말은 과언이 아니다.

한 주에 촬영을 하면 같은 주에 방영하는 경우도 없지 않다. 배우는 피곤에 쩔어 있게 되고 스태프들도 녹초가 되는건 마찬가지다.

드라마 촬영장에 가보면 휴식 시간마다 차 안에서, 촬영장에서 잠에 곯아떨어진 사람들을 흔하게 볼 수 있는 이유다.

어쨌든 그렇게 드라마를 만들고 나면 그 제작팀은 보통 2년 정도 후를 기약하며 새로운 드라마 기획에 들어간다. 2015년에 기획해서 2016년에 상영했으니 2017년에 기획해서 2018년에 방영을 목표로 한다는 얘기다. 드라마 연출자가 2년에 한 번 드라마를 만드는 것도 대단히 다작을 하는 경우가 된다.

이제 기획사가 신인을 계약할 때 3년 혹은 5년을 요구하는 이유를 알겠는가?

1년은 손발 맞춰보고 이미지 잡는 기간으로 정하고 나머지 2년에서 4년 동안 지상파 드라마에 밀어보겠다는 얘기다. 3번의 기회가 있을 뿐이다. 올해 해서 안 되면 내년에 다시 해보고, 그래도 안 되면 내후년에 다시 밀어보고 더 이상 안 되면 계약해지한다는 의미다. 그럼 7년은 뭘까? 5번은 밀겠다는 얘기다. 이런 경우에는 기획사에 돈이 있거나 방송가 경력이 있는 사람이 대표라서 기획사를 오래 운영할 테니 같이 성장해보자는 의미다.

"요즘 대형기획사에서는 10년? 15년 계약도 하잖아요?"

일반적으로 5년에서 7년이다. 하지만 최근에는 대형기획사의 계약기간이 늘어나고 있다. 대형기획사에 들어가서 성공하고 싶은 사람들이 수없이 많듯, 누가 봐도 스타성이 있는 신인을 데려와서 성공하려는 기획사들도 많다.

과거에는 유능하고, 실력 갖추고 외모도 되는 신인을 찾는 기획사

연예인을 꿈꾸는, 당신이 궁금해하는 기획사

들 사이의 경쟁이 치열했다. 물론 지금도 마찬가지다. 서울의 연기학원, 공개오디션, 대학가 신입생들을 위주로 캐스팅 확보 전쟁을 치루던 기획사들 중에 일부는 전략을 바꾸어 광주, 전주, 제주도, 울산 등 지방 도시로까지 출장가며 발 빠르게 신인발굴에 힘썼다. 이러한 트렌드가 성공하여 지속되자 인재확보는 또 다시 힘들어졌다. 그러자 이제는 20대가 아닌 10대로 눈을 돌리기 시작한 것이다. 고등학교로, 중학교로, 심지어 초등학교로 스타를 꿈꾸는 어린이들을 찾아 나선 것이다. 그래서 그중 스타성이 보이는 어린이들의 부모님과 계약을 하면서 그들을 본인들의 소속 아티스트로 만들었다. 계약 기간은 10년 이상이다. 어릴 때 부터 키운 신인을 중간에 다른 기획사에 뺏기고 싶지 않은 것은 당연한 일이기 때문이다. 오랜 시간을 두고 성형수술도 시키고, 춤도 가르치고 연기도 시키다 보니 그들이 데뷔할 무렵엔 연기면 연기, 노래면 노래, 춤이면 춤 모두 잘하는 만능스타가 되었다. 이들이 세계 시장의 트렌드까지 섭렵하고 외국어 구사능력까지 갖추고 있다. 본격적인 한류신드롬이 만들어 낸 결과다.

괜찮다 싶으면 다른 기획사에서 채가고, 힘들게 잡아두면 다른 기획사에서 위약금까지 대신 물어주며 데려가기 일쑤이니 '힘들어서 기획사 못 해 먹겠다'는 불평도 쏟아졌다.

매니저들끼리 섭외전쟁에서 감정이 격해지면 서로 주먹다짐도 벌어지는 경우가 생겼다. 한편, 워낙 어려서부터 기획사 생활을 하던 이들은 중학교 졸업앨범, 고등학교 졸업앨범, 대학교 졸업앨범에 이르기까지 '원조 미인'으로 불리는 게 가능했다. 기획사에서 시기

별로 일정 텀을 두고 성형수술을 시켜줬기 때문이다.

그리고 워낙 오랜 시간 동안 연예계 생활을 하다 보니 방송 쪽 연출자나 영화계 제작자들과도 자연스럽게 친분이 생기는 효과도 있었다. 아역 배우로 만났던 신인이 나중에 커서 드라마 상대역이 되었다는 얘기가 들린다. 오랜 친분이라는 막강한 배경을 덤으로 얻은 경우다. 그럼 이쯤에서 생각해보자.

당신이 그들과 오디션에서 경쟁하는 경우다. 누가 이길까? 대형기획사 힘일까? 아니다. 어려서부터 방송 현장과 연예계에 다니며 연출자나 감독을 보면 아저씨, 아줌마, 삼촌, 이모로 부르던 아이들이 커서 오디션에 나온다. 심사위원들 대부분 누가 누군지 다 안다. 20살 넘어서 연예계 생활을 시작한 당신이 오디션 장소에 서서 낯선 시간을 보내는 사이, 10년 전부터 그 자리에 익숙한 그들이 감독과 제작자들에게 인사하며 다닌다. 단순히 배경이나 기획사 힘 덕분이 아니다. 당신이 감독이나 제작자라면 누구에게 캐스팅 표를 행사할까?

자, 그럼 기획사에서는 소속 배우를 드라마에 출연시키기 위해 어떤 노력을 해야 할까? 올해 기획 단계부터 제작진 찾아다니며 열심히 신인들 프로필을 밀어야 한다. 주연급은 애초에 바랄 수도 없다. 조연급도 힘들다. 그나마 대사 있는 역할이면 감지덕지다.

국내에 지상파 3사 KBS, MBC, SBS에서 1년에 만드는 드라마 편수는 대략 50여 편이다.

최소한 우리나라엔 드라마 제작사가 50개는 넘는다는 계산이 가능한데, 사실 그렇지도 않다. 드라마 제작사를 살펴보면 대형제작사, 자본을 갖춘 기획사에서 만드는 드라마가 고작이다.

중소규모 자금력을 가진 제작사는 드라마 한 편 만들기도 어렵다. 실제 제작능력을 말하는 게 아니다. 방송국 편성회의에서 안정된 방송환경을 고려하며 평가를 하기 때문에 제작경력이 적거나 자본금이 적은 업체는 평가에서 낮은 점수를 받을 우려가 크기 때문이다. 어쨌든 그렇게 계산해보면 국내에서 꾸준히 드라마를 만드는 제작사는 20여 개 회사가 된다.

자, 그럼 다시 기획사 이야기로 와서, 기획사에서는 신인 프로필을 들고 국내에 드라마 제작사를 쫓아다니며 홍보하는데 모든 노력을 다한다. 20여 개 제작사 위주다. 그런데 여기서 문제가 생긴다.

우리나라에 드라마 제작사는 20여 개 회사가 대표적인데 신인 연기자를 배우로 밀어주려는 기획사는 2,000개가 넘는다는 점이다. 단순 경쟁률만 해도 100:1이다.

그런데 또 다른 문제.

방송국 편성회의에서는 인지도 높고 시청률이 나오는데 도움 될 만한 배우 위주로 드라마 기획안을 통과시킨다. 그러면 어떤 결과가 나올까? 기존에 인지도를 쌓은 스타들 중에서 주·조연 배역을 모두 맡게 된다. 1년에 드라마 50여 편이 제작된다면 주연 역할과 조연 역할이 얼마나 나올 것 같은가? 남녀 주인공 빼고 조연 역할만 계산해도 50명 정도 가량이다.

이들이 반복해서 드라마에 출연한다. 여기에 중년 연기자와 할머니

할아버지 연기자들이 들어온다. 아역도 일부분이다.

그럼 어떻게 해야하나?

신인이거나 인지도가 낮은 20~30대 연기자, 40~50대 연기자들은 2년에 드라마 하나 맡기가 하늘에 별 따기다. 방송국에선 시청자들에게 친숙한 배우 및 가수를 출연시키려고 한다. 그래야만 시청률을 담보로 광고를 끌어올 수 있다.

광고주 입장에서도 시청률이 나올 만한 드라마에 광고를 넣어야 하므로 당연한 결과다. 스타들이 출연하는 드라마가 잘 팔린다.

"제가 아는 친구는 신인인데요, 드라마에 나오던데요?"

방송가 용어로 누가 '꽂아줬을까?' 생각해보자.

어쩌면 그 드라마 주연배우가 소속된 같은 회사일 수 있다.

주연배우에 스타 넣으면서 신인들 '끼워 팔기'가 이뤄지는 경우다.

그래서 반드시 대형기획사로 들어가라는 이유다. 중소규모 기획사에서는 신인을 밀어줄 힘이 없다. 돈이 없는 건 둘째다. 스타가 없어서 신인도 못 키우는 신세라는 얘기다.

매니저가
새로운 기획사와
계약하자고 하는데

"기획사에서 연습생 할 때였어요. 팀장급 매니저가 만나자고 하더니 문득 자기랑 독립하자더라고요. 회사 그만둘 건데 투자자 잡았다고 하면서 나를 위해 매니지먼트를 해주겠다는데 어떻게 하죠?"

"소속사 찾는다고 프로필을 넣었던 기획사에서 미팅하자고 연락이 와서 갔는데요, 공개오디션은 아닌데 그 회사에 팀장이라고 하면서 미팅하더라고요. 이건 어떤 상황인가요?"

"인터넷카페에 프로필을 올려둔 적이 있는데요, 매니저라는 사람이 어떻게 봤는지 만나자고 해서 가봤더니 예전에 어느 대형기획사에서 근무하던 매니저라고 하면서 요즘 유명한 스타들이 신인이었을 때 자기가 매니지먼트 해줬던 거래요. 그러면서 나를 보고 스타감 된다고 하면서 자기가 매니저 봐줄테니 같이 일 하자는데요? 어떻게 해야 하나요?"

기획사를 차리는데 나가자는 매니저, 함께 소속사를 옮기자는 매니저. 연예계를 잘 모르는 신인들은 매니저의 이러한 말에 예민할 수밖에 없다. 그래서 매니저들에 대해서 알아둬야만 신인들이 쉽게 휘둘리지 않는다. 대형기획사에 다닌다는 명함에만 속아서도 안 되고, 작은 기획사라고 해서 매니저 그 사람 자체의 능력을 과소평가 해서도 안 된다. 매니저 분야에서 날고 긴다는 실력파 매니저들이 있는데 그런 매니저를 만나야만 스타로 발돋움할 수 있다. 개인적으로 활동하는 매니저라고 해도 그 능력은 대형기획사 매니저 이상일 수도 있다.

기획사에서 일하는 매니저의 업무에 따라 매니저를 구별할 수 있다. 기획사에서는 소속 가수와 배우의 활동에 동행하는 현장매니저가 있다. 그 위에 대리, 과장, 팀장, 실장, 이사 직급 순을 두어 매니저 활동을 담당한다. 매니저들도 매체홍보팀, 가수팀, 라디오팀, 방송팀, 지방행사팀, 밤무대팀으로 구분해서 소속 연예인을 홍보하고 일을 만들어온다.

이 경우는 시스템이 있고 체계가 잡힌 대형기획사의 모습이다. 1인기획사이거나 매니저와 기획사 사장 1인까지 2~3명이 운영하는 기획사는 이러한 일들을 모든 직원이 일을 나누지 않고 모두 처리하기도 한다.

매니저들이 하는 일이란 '맡은 역할'에 따라 다르다.

예전에 로드매니저라고 불리던 현장매니저는 스타와 동행하며 방송관계자와 연예관계자, 광고관계자 등의 업계 사람들과 인사하고 명함 교환하고 스케줄에 따라 움직인다.

업계 사람에게 받은 명함은 회사에 와서 보고해야하는데 보고 안

하고 자기가 보관하는 매니저들도 많은데, 하여튼 현장매니저는 스타가 촬영하고 있을 땐 연락망으로 활동하고, 스타가 스케줄 이동할 땐 운전기사가 되며, 그 외에도 현장에서 스타에게 필요한 일을 해주고 회사에서 연락 오는 사항을 전달해주는 일을 맡는다.

기획사에서 현장매니저의 위치는 매니저 직급 중에 제일 막내직원 정도로 보면 된다. 하지만 스타의 급이 높을 경우 실장급이나 이사급, 대표가 직접 현장매니저로 나서기도 한다.

현장매니저 이외에 홍보매니저도 있다.

현장에서 스타와 보조를 맞추는 매니저팀과 별도의 팀이며, 주로 온라인 매체와 오프라인 매체의 기자들과 교류하며 스타 알리기에 나서는 일이 많다. 스타의 계약 소식이나 작품 출연소식은 물론이고 스타와 연관된 모든 뉴스를 매일 체크해서 이미지에 도움 되는 것과 그렇지 않은 것으로 구분하고 이미지에 도움이 안 되는 내용에 대해선 수정을 요청하거나 대응을 한다.

매니저의 업무를 구별할 줄 알아야 한다. 왜냐면 모 기획사에서 스타배우가 신인일 때부터 일을 봐준 매니저라고 하는데, 알고 보니 그 사람이 홍보매니저였다고 한다면 제대로 매니지먼트를 해줄 수가 없게 된다. 홍보를 하느라 정작 연예인의 매니지먼트를 제대로 해본 적이 없기 때문이다.

서당개 삼년이면 풍월을 읊는다 하지만 같은 기획사에 있었으면서 많은 경험을 쌓았다고 해도 홍보매니저는 홍보매니저일 따름이다.

전문성이 떨어진다.

당신이 신인이고 지망생인데 어떤 사람이 모 기획사에서 있었다며 매니지먼트를 계약하자고 온다면, 덜컥 그 사람 말만 믿고 계약하지 말자. 실제 그 기획사에서 무슨 일을 했는지, 어떤 성과를 냈는지, 스타랑 어떤 일을 했는지, 그 기획사에서 일하지 않는 이유가 뭔지, 스타와 계속 일하지 않는 이유가 뭔지 등등 꼼꼼하게 따지고 심사숙고해야 한다. 스타의 성공에 매니저의 능력은 필수이기 때문이다.
질문으로 돌아와서, 매니저가 나와서 기획사를 차리는데 함께 움직이자고 한다면 어떻게 해야할까?

매니저가 다른 기획사를 차리는 경우는 크게 2가지이다. 현재 그 회사에 대표랑 사이가 틀어졌거나 아니면 어느 투자자로부터 능력을 인정받은 경우다.
하지만 어느 경우에든 대답은 같아야 한다. No!

다 아는 사실이지만 연예계와 방송가는 좁다. 기획사 대표랑 다툼이 생겨 회사를 나가는 것이라면 매니저가 자립하여 성공할 가능성이 낮다. 소속 스타가 있을 때의 기획사와 신인으로만 이루어진 기획사는 대우가 다르다. 매니저가 다른 기획사로 옮기기 전까지만 해도 친하게 연락하며 소속 배우 스케줄 잡아달라고 얘기하던 방송가 사람들일지라도 신인만 데리고 일한다면 태도를 바꾼다. 평소엔 먼저 만나자고 연락오던 이들이지만 어느샌가 연락해도 바쁘다고 등을 돌리는 경우가 생긴다.

하지만 Yes!를 외쳐도 되는 경우가 있다.

기획사 사장에게 인정받고 스타에게 인정받아서 사이좋게 회사를 그만두고 나가서 독립하는 경우다. 이 경우엔 스타에게 인정받는 실력과 업계에서 긍정적인 평가도 받을 수 있기 때문에 성공할 가능성이 보다 높다. 하지만 판단은 당신의 몫이다.

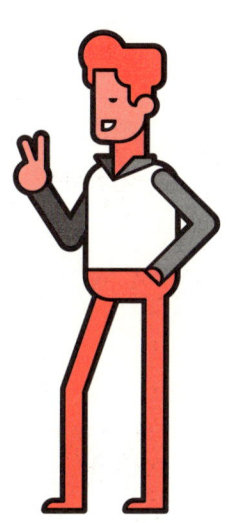

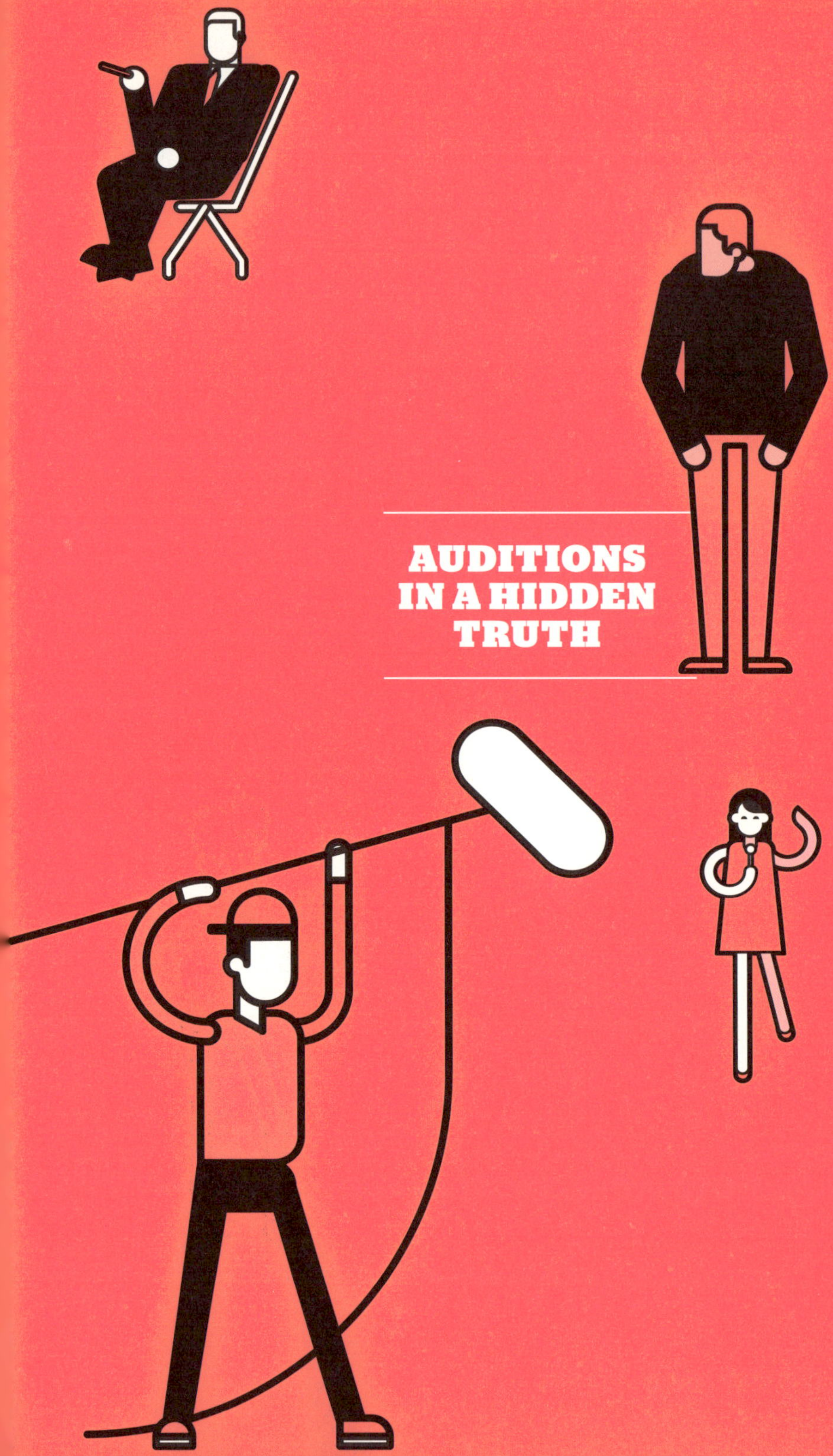

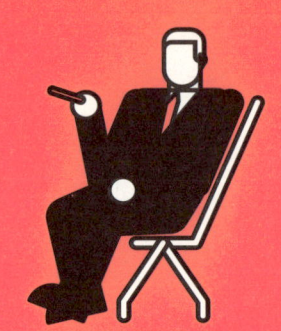

**AUDITIONS
IN A HIDDEN
TRUTH**

CHAPTER 4

아무도 말하지 않은, 일반인은 모르는 기획사 이야기

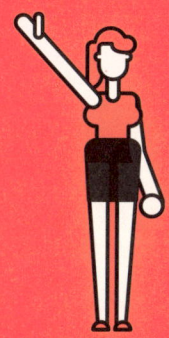

누가
기획사에
투자할까?

기획사를 꾸리고 소속 배우를 확보해서 방송가와 연예계에서 홍보를 하려면 적지 않은 돈이 들어간다. 1인 창업이나 소규모 투자받아서 할 수 있는 사업이 아니다. 앞서 배웠듯이 1년에 수억 원이 뚜렷한 매출 없이 그냥 지출되는 돈 쓰기에 바쁜 사업 구조다. 이 돈은 다 어디서 나오는 것일까?

기획사 사장들은 대부분 매니저 출신들이다. 이들은 어떤 회사에서는 매니저팀 사장이라는 직책으로 불린다. 그러면서 동시에 그냥 사장이란 직책도 있다. 이런 경우는 회사를 실질적으로 운영하는 사장은 매니저팀 사장인 것이고, 그냥 사장이라는 직함으로 불리는 사람은 투자자인 경우가 대부분이다. 그렇다면 기획사에 투자하는 사람들은 누구일까? 왜 기획사에 투자하는 것일까?
배우를 위해? 가수를 위해? 대중예술에 헌신하고자 기획사에 투자하고 운영하는 사람들이 있을까? 순진한 생각은 하지 마라. 모래밭에서 바늘 찾기보다 더 어렵다.

먼저 그들은 사업가이다. 사업가들은 미팅에서 매니지먼트 사업을 한다고 소개하면서 비즈니스 상 우월한 지위를 과시하려는 욕구도 있다. 성공해서 돈을 벌었다는 대부분의 사업가들을 보면 주위 사람들에게 인정을 받고 싶어 한다.

그래서 상대방에게 성공했다고 인정받을 수 있는 가장 쉬운 방법으로 스타들과 어울리는 모습을 보이는 것이라고 생각한 것이다.

많은 경험을 쌓아온 매니저들은 사업체를 운영하는 사장들의 이러한 속성을 누구보다도 잘 안다. 그래서 자기 기획사를 차리려는 꿈을 가진 매니저들은 항상 돈 많은 사람들과의 관계를 잘 유지하려고 노력한다.

주변 소개의 소개를 받거나 모임이 있을 때면 자신의 기획사 일이나 친한 연예계 스타들과의 친목을 내세우며 주의를 끄는 모습을 보인다. 예를 들어, 소속 배우 아무개랑 자기가 제일 친한데 팬미팅이나 방송활동을 하면 팬들이 엄청 몰려서 힘들다는 식이다. 유명한 스타들이 자기 말 한 마디에 스케줄을 정하고, 자기가 업계 관계자를 일일이 만나면서 스타의 모든 걸 관리한다는 식으로 얘기한다. 그 말의 속뜻은 '내가 이런 정도의 사람이니, 기획사에 투자하라'는 의미다.

매니저들이 또 투자를 노리는 직업군이 있다. 바로 은행 PB들이다. 은행권에서 현금자산 10억 원 이상 보유한 부자들을 1:1로 상담하며 투자정보를 알려주고 수수료를 받는 금융인들이다. 이들에게 가면 국내에서 은행에 돈 쌓아두고 있는 부자들이 누군지 다 알게 된다. 금융 자산이란게 은행권 전산망에 다 뜨는 것이고, 돈 많은 부자들은 절세방법이나 돈 버는 방법, 이를 테면 은행 이자보다 수익이 더 많으면서도 원금을 보장해주는 재산증식 노하우에 관심을 갖는데 이럴 때 PB들이 활동한다.

매니저들은 이런 은행PB들을 만나서 매니지먼트 사업 아이디어를 흘리는 식으로 제안을 한다. 금융권 부자들을 상대하는 PB들로서도 매니저의 제안에 솔깃하게 된다.

PB들의 수입은 그들이 관리해주는 자산에서 얻은 수익의 일정비율을 받는 구조이기 때문에 고객이 많을수록 수익이 늘어나는데, 돈 많은 사람들이 자신에게 자산관리를 의뢰하게 만들기 위한 마케팅 방법으로서도 꽤 좋기 때문이다. 은행PB를 통해서 매니저들과 돈 많은 금융자산가들이 만나게 되는 이유다.

"하지만 금융자산이 많은 사람들이 매니지먼트 사업에 관심이 없으면요? 투자를 안 할 수도 있잖아요?"

금융자산가들이 매니지먼트 사업에 투자하는 돈의 규모는 금융상품 투자나 부동산사업으로 벌어들이는 돈에 비하면 금액이 크지 않다. 실제 본업에선 한 번에 수십 억 원, 수백 억 원을 벌어들이는 그들 입장에선 매니지먼트 사업으로 돈을 한 푼 벌지 못해도 1년에 지출하는 돈이 연예인 1인당 1~2억 정도뿐이라면 그건 대출이자 금액도 안 되는 적은 돈이다. 사업상 각종 미팅이나 거래처 활동이 많은 입장에서 매니지먼트 사업을 한다는 것 자체가 큰 장점이 된다. 은행 PB를 통해 소개받은 금융자산가도 결국에는 기업가다. 골프를 치러 가거나 식사자리에 자기 소속사 스타가 동석한다고 해보자. 누구의 어깨가 올라갈까?

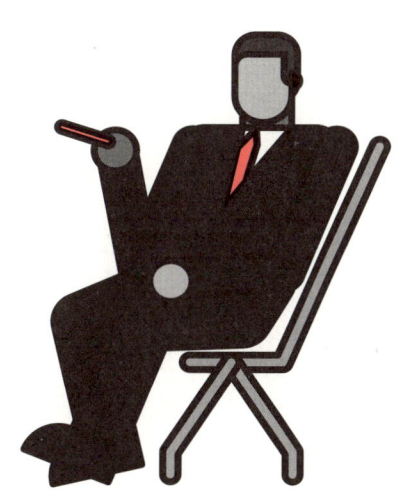

기획사에
들어가도 데뷔가
보장되지 않는다

기획사에서는 공개오디션을 통해서 적어도 한 명은 뽑는다. 하지만 그 사람이 데뷔를 하고 스타가 된다는 보장은 없다. 오디션에 붙어서 기획사에서 연습생 생활을 한다고 해도 데뷔를 보장받는 것도 아니다. 스타가 되리란 보장도 없다. 말하자면 기획사에 들어가기 위해 준비를 하면서도 기획사가 빠른 데뷔와 스타로 가는 지름길이란 생각을 버리란 얘기다. 그저 스타가 되기 위한 하나의 관문을 통과한 것이라고 생각하는게 좋다.

그렇다면 기획사는 과연 무슨 일을 하는 것이냐는 의문이 들 것이다. 보통 내부 체계가 잡혀서 순차적으로 신인을 키우고 데뷔시키는 대형기획사를 제외하면 대부분의 기획사들이 자금난에 시달리고 있다. 또한 체계적인 신인 육성 시스템이 없고 기획사 사장의 '혹시나' 전략에만 매달려 데뷔 무대 만들기만 급급한 경우가 많다.

"기획사만 들어가면 데뷔하는 거 아닌가요? 연습생 하는 것은 기획사에서 지원도 안 해주는 점에서 혼자 하는 거랑은 차이가 없어서 별로 하고 싶지 않았고요, 작은 기획사지만 나만을 제대로 키워 주겠다고 하면서 같이 해보자고 하기에 계약했는데요, 오디션은 이 것저것 보러 다니는데, 정작 캐스팅 되는 것도 없고 언제 데뷔할지도 모르겠어요. 근데 혼자 하게 되면 오디션도 못 보니까 그냥 아직은 기획사에서 버텨 보려고요. 어쩌다 보면 될 수도 있잖아요?"

나 하나만 바라보고 제대로 키워주겠다는 기획사가 있긴 하지만, 그들이 제공하는건 다른 오디션에 대한 정보일 뿐 기획사가 자체적 으로 나를 데뷔시켜줄 여력이 없는 곳이 많다.
그래서 기획사나 데뷔 지망생이나 감나무에서 감 떨어지기만을 기 다리는 상태로 있게 되는 것이다.
이런 연습생들과 이야기 해보면 대부분 대학시절 20살, 21살에 작 은 기획사를 만나서 계약하고 3년에서 5년 기간을 정해서 일을 하 기로 했는데, 어느덧 25살이 다 되어가지만 여전히 오디션만 보러 다니고 제대로 된 데뷔를 해본 적이 없다고 말한다.

기획사 사장이 연예계에서 매니저 경력자이거나 연예신문 기자 출 신이거나 하는 등의 업계 경력자이면 그나마 제대로 된 일이라도 전해줄 수 있기에 그나마 다행이다.

간혹 어떤 기획사들은 호프집 사장이나 사진관 사장이 기획사 하겠 다고 나서는 경우도 있다. 또, 주식으로 돈 번 사람이 뜬금 없이 기 획사를 차린 경우도 있다. 지금 당신이 기획사를 찾는 중이라면 눈여겨 봐야할 부분이다. 기획사 사장의 경력이 당신의 진로에 영향을 끼친다.

"그럼 공개오디션에 뽑혀서 기획사 들어간다고 해도 나를 잘 지원해주지 않으면 바로 나와도 되나요? 시간이 빠르고 저도 금방 나이가 들 텐데 이왕이면 나를 제대로 키워줄 수 있는 곳으로 가야죠?"

나를 제대로 관리 못해주는 기획사에서 나와야 하느냐에 대한 질문은 참 애매하다. 공개오디션을 하면 거기서 선발된 사람들이 누군지에 대한 소문이 금방 난다. 국내 3대 기획사에서 선발된 사람이라면 그나마 괜찮다. 문제는 제2의, 제3의 순위권에 있는 기획사에서 뽑았던 연습생이라는 소문이 문제다.

"거기서 왜 나왔데?"
하지만 당신이 모르는 한 가지가 있다.

업계에 도는 '풍문'이 생긴다. 생각해보자. 연예계는 굉장히 좁다. 그것도 어느 정도 좁은 바닥이 아니라 진짜 좁은 바닥이다. 어느 기획사의 사장이고 이사이고 팀장이건 간에 다른 기획사의 매니저들과 다 아는 사이다. 방송가 PD들도 정보창구다. 어느 기획사에 누가 있는지 다 안다. 촬영장에서 서로 만나고 일해 온 지 수십 년 넘는 관계가 대부분이다. 그래서 전화 한 통화만 걸면 누가 누군지, 어느 신인이 어느 기획사에서 무슨 이유로 나왔는지 금방 드러나는 곳이다.

"조금만 더 기다리고 참아 달래요. 지금은 사업이 잘 안 풀려서 그러는데 곧 사업만 풀리면 자금이 생기니까 앨범도 내고 TV 출연도 팍팍 밀어주겠다는데요? 그런데 공연 때문이라면서, 영화 일이라면서 사장이 미팅하는 자리에 꼭 나를 나오라고 해서 고민이에요. 연습실에서 춤 연습하고 노래 연습하고 연기감 떨어지지 않게 연습해야 하는데, 사장이 나오라고 해서 나가보면 무슨 회사의 사장이란 사람들이랑 술 먹는 자리이거나 식사자리이고요. 나는 알아듣지도 못 하는 얘기 들어주다 보면 노래방까지 따라가서 노래도 불러야 한다니까요. 이게 무슨 기획사인가요? 어떤 경우엔 제가 가수나 배우를 하려는 게 아니라 접대하는 사람처럼 느껴져요."

당신과 기획사 사장의 일하는 방식이 다른 경우다. 당신은 가수나 배우가 되고 싶고 연습실에서 연습해서 기량을 높이다 보면 데뷔 기회가 오고 스타가 될 수 있다고 생각하지만 사장은 조금 다르다. 사장이 키우려는(?) 당신을 사장의 주위 거래처에게 소개해주고 알려야만 거래처 중에 누군가 투자금도 낼 수 있을 것이고, 혹은 방송이나 영화 쪽으로 캐스팅 기회를 만들 것이라고 여긴다. 게다가 기획사 사장이 남자라면?

아마도 당신이 불려가는 자리는 대부분 술자리가 될 게 뻔하다. 남자들이 사업을 할 때는 술자리에서 친목을 만드는 경우가 많은데 술을 마시면서 형님아우가 되고, 선배후배가 되면서 상대방의 일에 관여하게 되는 명분을 쌓기 때문이다.

내 후배가 하는 일인데, 내 형님이 하는 회사인데 거기에 소속사 신인이 스타감이야! 라는 식의 홍보라도 기대하게 된다.

어떤 기획사 중에는 안 좋은 곳도 있다. 우선 당신의 기획사 사장이 당신을 소속 가수나 배우 그 이상의 감정으로 바라볼 때다. 당신을 좋아해서 당신을 스타로 만들어주고 싶어 하는 경우를 말한다.

이따금 연예계 가십란에 나오는 기사 중에 소속 가수나 배우가 기획사 사장이랑 결혼한다는 뉴스다.

'소속사 사장이랑 결혼하면 가수로 설 수 있는 무대도 많고 배우로 출연할 작품도 많이 하겠네? 나쁜 것만은 아니잖아? 좋겠다!'

이렇게 생각할 수 있지만 그것도 조금 다른 이야기다.

왜냐하면 기획사(소속사)에서 제작까지 겸하는 곳이 별로 없어서 다. 게다가 기획사 사장이 남편(혹은 부인)이라고 해도 오디션을 봐야하는 건 마찬가지다. 아내랍시고, 남편이랍시고 기획사에서 제작하는 작품이나 다른 오디션 정보까지 독점해버리면 다른 문제가 생길 수 있다. 편파적인 업무로 인해서 법적인 문제가 생길 수 있는 소지가 생긴다. 그리고 작품 편 수가 제한적이고 무대 수도 적게 된다. 누구 부인이고 누구 남편이란 걸 알게 되면 상대방 입장을 고려하게 되고 되도록 품위에 맞는 작품을 주게 되는데 다양한 작품을 접해볼 수 없게 되는 것은 물론이고, 설 수 있는 무대도 한정적이 된다.

본론으로 돌아와서, 기획사에서 들어가서 연습생이 된다고 해도 데 뷔를 보장받는 게 아니란 얘기다. 기획사 사장과 결혼을 해도 마찬 가지고 잘 나가는 매니저랑 결혼해도 마찬가지다. 방송가와 연예계에선 누구나 혼자 서야 한다. 누구의 도움으로 될 수 있는 분야가 아니다. 그렇다 보니 기획사에서 나이만 드는 연습생들이 부지기수다. 기획사에선 오디션정보를 주는데 캐스팅 기회를 붙잡는 건 순전 자기 몫이기 때문이다. 실력에서 뒤처지고 재능에서, 끼에서, 이미지에서 뒤처지면 데뷔 기회는 점점 멀어진다. 그러다가 계약 기간이 끝나면 다시 혼자의 몸이 된다. 오디션 정보를 얻으러 다녀야 하고 에이전시에 프로필을 돌려야 하는 고생이 반복된다.

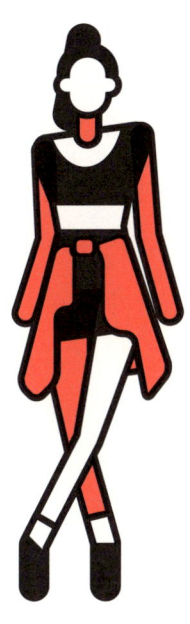

기획사에 들어가도 데뷔가 보장되지 않는다

오디션만으로
돈을 버는
기획사

들어봤는가? 오디션을 하면서 돈을 버는 기획사가 있다. 오디션을 하면 여러 가지 비용이 필요할텐데 어떻게 돈을 버는 것일까? 일부 좋지 않은 기획사들의 이야기다.

인터넷에서 오디션의 정보를 얻고자 '오디션'이라고만 검색하면 안 된다. 오디션이라고 해놓고 가짜 정보를 올려둔 채 신인들을 모집해서 아카데미 트레이닝 비용, 성형수술 비용, 체형관리 비용 등을 요구하는 곳도 있다. 전형적인 사기다. 조심해야 한다. 그래서 오디션에 대해 알아볼 때 시간과 장소를 알아보는 것보다 실제 어느 회사인지, 어떤 작품인지, 감독이 누구인지, 제작사가 어디인지 등을 꼼꼼히 잘 따져서 지원해야 한다.

"오디션 정보에 지원하면 개인정보 제공은 당연한거 아닌가요? 나중에라도 일이 생기면 연락이 올 수 있으니까 연락처도 남겨둬야죠."

가짜 기획사가 각종 비용으로 돈을 버는 방법 이외에도 오디션의 프로필을 받아서 돈을 벌기도 한다. 오디션에 지원할 때 프로필을 제공하면 당신의 얼굴과 포즈 사진들, 셀카 사진들이 고스란히 넘어간다. 거기에 연락처랑 당신의 전화번호도 들어간다. 학교와 주소, 취미, 경력까지 그 모든 정보를 '오디션'이란 단어 하나만 보고 당신 스스로 줬다고 생각해보자. 어떤 일들이 생길까?

당신의 사진이 온라인 홍보마케팅에 유용한 자료로 쓰일 수 있다. 페이스북이나 트위터, 블로그를 시작하는 기업이 가장 빠른 시간 내에 SNS 친구를 많이 확보하는 방법은 미남, 미녀 사진을 프로필에 올려두고 마치 그 사람인 척 운영하는 식이다. 그래서 당신이 잘 생기고 예쁘게 찍은 사진들이 온라인에서 알게 모르게 도용될 수 있다는 이야기다.

이런 일을 직접 겪은 지망생의 이야기를 들어보면, 자기 사진이 도용되고 있는 사이트를 일일이 찾아다니며 지우라고 하는 것이 너무 벅차다고 하였다. 오늘 다 지우면 내일 다시 생기는 식이다. 더 큰 문제는 어디서부터 사진이 유출된 건지도 모른다. 그동안 오디션에 참가하며 프로필을 돌린 곳이 한두군데가 아니기 때문이다. 그래서 오디션 정보라고 해서 함부로 당신 프로필을 보내선 안 된다. 잘 알아보아야 한다.

당신의 '이미지' 뿐만 아니라 개인정보도 사고 팔린다. 실제로 개인정보가 팔리는 경로를 보면, 마트에서 추첨 행사를 한다고 하면서 고객 정보를 받아서 그걸 보험회사 영업팀에 파는 경우가 있다. 1

인당 몇 천 원을 넘는 경우도 많다. 보험사에서는 자사 영업팀에 자료를 주고 보험상품 홍보나 영업에 활용하게 해주는 식이다.

당신의 개인정보가 팔리면 어떻게 될까? 당신 정보를 일반적인 루트 이외에 연기학원이나 보컬아카데미, 각종 연기노래 학원 등에 자료로 판다고 해보자. 당신에게 어느 날부터 학원 수강하라는 전화가 오고, 각종 홍보물이 스마트폰에 쏟아진다. 우연히 당신 번호를 알게 된 업체가 보내는 거라고 생각하면 안 된다. 세상에 우연이란 없다. 당신도 모르는 사이에 누군가 당신 정보를 주고받은 경우다. 결국엔 당신이 또 번호를 바꾸려고 노력과 시간을 들이게 된다. 오디션 한 번 지원하고 원치 않게 생기는 불편이다.

오디션에 프로필을 돌리지 말고 개인정보를 제공하지 말라는 이야기가 아니다. 무분별하게 지원하지 말고 항상 조심하라는 이야기다.

아무도 말하지 않은, 일반인은 모르는 기획사 이야기

기획사에
들어가도
가난한 사람들

연습생은 가난하다. 기획사에 들어간다고 해도 월급을 받는 게 아니다. 일부 회사의 경우 연습생들에게 몇 십만 원에서 1백만 원에 가까운 돈을 지급하기도 하지만 대부분의 기획사에서는 연습생 시절 아무 것도 해주지 않는다.

기획사에서 일하는 사람들의 이야기를 빌자면 '두고 보는 기간'이라고 한다. 새로 들어온 연습생이 얼마나 버틸지, 금방 또 다른 데로 갈지, 아니면 자기네 기획사 식구가 될지 지켜보는 기간이라고 한다. 이를 매정하다고 여기지 말아야 한다. 대부분의 연습생들이 연습기간을 못 참고 여기저기 옮기는 상황에서 적은 돈이나마 연습생들에게 계속 지출하다가는 가랑비에 옷 다 젖게 된다.

큰 기획사의 경우 연습생들에게 월 교통비를 지급하고 식사를 제공하는 곳들이 있고, 월 품위유지비조로 7~80만원을 제공하는 곳도 있으며 식사만 제공하는 곳도 있지만 그 이유는 연습생을 위해서라기보다는 기획사 이미지를 위해서다. 기획사에게 있어서 연습생들은 또 다른 신인들이 찾아올 수 있는 통로가 된다. 기획사 홍보도 되고 새로운 신인 발굴의 연결 장치가 되기도 한다.

"기획사에 들어가는 것까진 성공했는데요, 수입이 없으니까 너무
힘들어요. 데뷔만 기다리며 연습하고 있긴 한데요, 과연 데뷔는 할
수 있을지 고민이고요, 이렇게 나이만 드는 게 진짜 걱정이에요."
돈 많은 기획사일지라도 연습생들에게 무조건적으로 많은 투자를
하진 않는다. 일단 연습생을 기획사 보호영역 안으로 들어오게 하
고 나서 지켜본다. 기본적인 관리는 해주지만 돈을 벌게 해주진 않
는다. 이건 기획사가 신인을 제대로 밀어줄 수 있는 능력의 유무와
관계없다. 거친 연예계에서 신인 스스로 자기 색깔을 찾을 때까지
기다려주는 시간이기도 한 것이다. 그렇게 그들을 기다려 주면서
한편으로는 신인들의 프로필을 들고 방송가와 연예계를 다니며 매
니저들이 노력하고 있다. 연습생이나 신인에게 수입이 없다는건 당
연하다. 아직 시장에 그들이 나설 준비가 되지 않았고, 또 시장에서
아직 그들을 필요로 하지 않을 시기이기도 하다. 기다려야 한다. 그
런데 얼마나 기다려야 하는가? 그 기다리는 시간은 기획사도 모르
고 신인도 모른다. 그게 가장 힘든 일이다.

"제가 있던 기획사는 크지 않아도 열심히 일하던 곳이었어요. 저까
지 포함해서 남자 두 명, 여자 서너 명 있던 곳인데요, 방송을 잡으
려고 해도 안 되고, 영화나 광고 일을 잡으려고 해도 안 되니까 결국
엔 직접 제작을 하려고 하는 거예요. 처음엔 내심 거기 소속되어 있
는 나를 포함해서 다른 사람들도 기대했어요. 아, 우리 기획사에서

드라마를, 영화를 만드는구나! 라고요. 그런데 기획사 지금 사정이 더 안 좋아졌나 봐요. 결국엔 다 뿔뿔이 흩어졌다니까요."

기획사들도 가난하다. 기획사에 들어간 연습생과 신인만 가난한 게 아니다. 작은 규모의 기획사들도 예산의 문제 때문에 소리 소문 없이 사라지기도 한다. 배역 캐스팅을 꿈꾸며 오디션을 다니던 한 신인이 결국 지쳐서 자기가 시나리오를 짜서 독립영화를 만든 일이 있다. 그 사람에게 왜 감독이 되었냐고 물었더니 '아무도 나를 캐스팅해주지 않아서'라고 했다. 물론 그 영화 역시 금세 자취를 감췄다.

기획사에 들어간다고 데뷔가 보장되는 것이 아니고 기획사에 들어간다고 수입이 막 생겨나지 않는다. 스타가 되기 위해 준비하는 과정, 나의 색깔을 찾아가는 과정. 그 기간에 수입이 없다고 하여 꿈을 접거나 다른 기획사로 이동한다면 스타를 될거라는 당신의 꿈은 아마도 이뤄지기 힘들 것이다.

물의를 일으켜도
연예인과
일하는 이유

방송이나 영화계에는 음주운전이다, 도박이다 해서 사회적으로 물의를 일으킨 연예인들이 그들 나름의 '셀프 자숙기간'을 갖고는 또 복귀하곤 한다. 그 모습을 안 좋게 보는 사람들이 없는 게 아니다. 그 사실은 기획사에서도 다 안다. 하지만 왜 그들은 물의를 일으킨 연예인들을 방송에 다시 복귀시키는 걸까?

대답에 앞서 이해를 돕기 위해 잠깐 비유 해보겠다.
마트 냉장고에 사이다, 콜라, 주스, 우유가 있다. 한 손님은 사이다를 샀고 한 손님은 콜라를 샀다. 이제 냉장고 안에는 우유와 주스만 남았다. 잠시 후 가게 주인은 다시 콜라와 사이다를 채워 넣었다. 다른 손님들도 콜라와 사이다만 샀고, 우유와 주스는 거의 팔릴 일이 없었다.
냉장고는 무대, 그 안에 든 사이다, 우유, 주스, 콜라는 가수나 배우를 말한다. 손님들은 팬들이고 관객이며 시청자들이다. 가게 주인은? 제작자다. 여기에 기획사 사장은 누굴까? 사이다, 우유, 주스, 콜라를 만드는 사람들이다. 중간에 유통하는 사람들은 배급업자다.

시청자나 팬들은 사이다와 콜라 같은 탄산음료에 적응되어 있다. 그리고 또 그 청량감을 느끼기 위해 또 탄산음료를 찾는다. 같은 이 치다. 기존에 시청자나 팬들이 좋아하던 이미지의 가수나 배우들에 적응되어 있기 때문에 같은 이미지를 또 선호하게 된다는 이야기다. 물론 가끔 우유나 주스가 팔리는 것처럼 새로운 스타를 찾기도 한다.

그럼 또 다른 비유를 해보자.

원래 냉장고의 콜라는 A회사에서 만들었는데 어느 날 A회사의 콜라가 없었다. 그래서 가게주인이 급하게 B 회사의 콜라를 들여다 놓았다.

만약 B회사의 콜라가 손님들에게 잘 팔린다면 A회사의 콜라를 굳이 들여오지 않아도 된다. 하지만 손님들이 계속 A회사의 콜라를 찾는다면? 당연히 가게 주인은 그 콜라를 구해서 넣어야 한다.

물의를 일으킨 연예인도 마찬가지다. 연예인들은 각자의 컨셉을 가지고 활동한다. 섹시한 케릭터를 가진 연예인이 물의를 일으켜서 자숙기간을 갖는 동안 다른 연예인이 그 컨셉으로 나와서 시청자들의 이목을 사로잡는다면? 물의를 일으켰던 섹시 컨셉의 연예인을 굳이 찾을 필요가 없다.

그런데 진행솜씨가 일품인 MC가 물의를 일으켜서 방송을 쉬는 동안 다른 MC들이 그의 빈 자리를 채우지 못해 시청자가 그 MC를 그리워한다면? 프로그램 제작자들은 물의를 일으켰더라도 그를 다시 현장으로 데리고 온다. 그들에게 중요한건 시청률이기 때문이다.

어떤 경우를 말하는 걸까? 사회적으로 물의를 일으킨 스타가 사라진 자리에 대타가 들어오는 경우다. 자진 은퇴를 하는 스타의 빈자리도 마찬가지다. A콘셉트의 스타가 사라지면 그 자리를 비집고 A콘셉트를 만들어낸 누군가 들어온다. 가게에 온 손님들은 단지 A콘셉트만 즐기면 되기에 어느 회사 제품인지 따지진 않는다. 아쉬운 대로 소비할 뿐이다.

냉장고 안에 진열할 상품이 많지 않아서다.

이게 제일 큰 이유다.

두 번째로 손님들이 이따금 A콜라를 찾아서다. 손님이 원하는데 팔 수밖에 없는 게 가게주인이다. 손님들에게 A콜라를 팔지 않으면 그 손님들이 다시 오지 않기 때문이다. 다른 가게로 갈 게 뻔한데 되도록 손님들이 원하는 상품을 파는 게 가게주인의 도리다.

활동 경력 없는 신인과 유리하게 계약하려는 기획사

요즘에는 기획사에 들어가기 전에 인지도를 만들어 두기 위해 개인적인 활동을 하는 경우가 많다. 나중에 기획사랑 계약할 때 좋은 조건을 받기 위해서다. 하지만 기획사들은 경력 없는 신인들과 계약을 하려고 한다.

기획사에서 신인을 찾을 땐 경력이 중요한 게 아니라 수익성을 따지기 때문이다. 한마디로 '써먹을 데가 많은 신인'이어야 한다는 얘기다. 이걸 모르는 신인들이 다짜고짜 경력부터 쌓으려고 단편영화나 웨딩화보 등을 하며 기획사와 계약하면 할 일들을 미리 다 해버린다.

"신인들이 경력이 있다고 해서 수익배분 비율을 좋게 해주거나 그러진 않아요. 흔히 신인들이 생각하기에 경력이 있으면 조건이 좋아질 거라고 생각하는데, 뮤지컬이나 연극에 보면 스타들이 가서 출연료를 높게 받잖아요? 신인들은 그걸 보면서 배 아픈가 봐요. 저 사람은 스타라고는 하지만 연기도 자기보다 못하고 외모도 자기가 더 나은 것 같은데 인지도만 더 있다고 해서 돈을 더 번다고 착각하는 거죠. 사실 뭐 아시잖아요? 인지도 쌓으려면 TV방송에 나가야 하고 라디오 나가야 하는데 방송출연은 뭐 그냥 하나요? 그게 다 돈이잖아요? 투자한 금액이 많은데 당연히 수익도 더 받아야 하는 거죠. 신인들은 지금 당장 자기 눈앞에서 인지도 많다는 이유만으로 스타가 출연료 더 받는다고 생각하면 안 되고요. 그들이 그 자리에 어떻게 올라갔는지, 얼마나 많은 돈을 투자했는지 알아야 해요."

– 중견 매니지먼트사 임원급 매니저 E씨–

그래서 기획사에서는 이왕이면 활동경력이 없는 신인을 찾는다.
그 이유는 이미지 소비가 없는 신인을 발굴하고 기획사에서 자금을 투자하여 이미지를 만들어준 후에 방송이나 좋은 무대에서 비싸게 팔려는 목적이다. 기획사에서는 단역배우나 조연배우를 키우고 육성하는 곳이 아니고 스타를 만들기 위한 곳이기 때문이다.

"무명에 가까운 신인인데 그 사람이 단편영화나 잡다한 광고 경력이 많으니까 그걸 상품성으로 인정해달라며 기획사랑 소속 계약할 때 좋은 조건 달라고 한다고요? 아니죠. 이미 그 사람의 상품성은 다 소비되었다고 봐야죠. 기획사에 들어왔으면 비싸게 조금씩 만들어가며 상품성을 키웠을 텐데 그걸 모르고 함부로 막 썼으니 이제 그 사람의 상품성은 없다고 봐야죠. 그런 분들이랑 계약한다고 해서 스타가 된다? 그건 진짜 불가능한 이야기 같고요. 회사 운영에도 돈도 안 돼요. 기획사라는 곳이 무슨 재활용하는 곳인가요? 여긴 이미지

가 곧 상품인데 우리가 원하는 이미지도 아니고 개인이 혼자 만들어
둔 이미지를 기획사가 유리한 가격에 사오기는 힘들죠."

- 엔터테인먼트업체 본부장 F씨-

물론 기획사에서도 인지도 있는 스타랑 계약하려고 할 때가 있다.
신생 기획사인 경우 회사 인지도가 필요할 때이고, 회사에 일이 없
을 때 기존에 인지도를 얻은 스타를 영입해서 회사에 활로를 찾기
위함이다. 기획사가 인지도 있는 스타랑 계약하는 경우란 인지도가
필요할 경우 혹은 돈벌이를 해야 할 경우뿐이란 얘기다. 그리고 기
획사에 필요한 돈벌이는 학생들 단편영화나 연극보다는 상업영화
나 지상파 드라마가 더 중요한데 이런 작품에 신인을 넣으려면 참
신한 이미지 혹은 기존에 없는 이미지를 강조해야할 필요가 있다.
이 점에서도 차라리 경력이 없는 신인이 필요한 이유다.
계약 이야기가 나왔으니 계약에 대해서도 알아보자.

경력이 없는 신인과 기획사가 계약을 할 때는 신인이 3, 기획사가
7을 요구하기도 하고 파격적인 조건으로 드물게는 6:4 혹은 5:5를
제안하는 곳도 있다. 인지도 있는 스타랑 계약할 때는 스타랑 기획
사가 7:3 혹은 8:2를 하고, 톱스타인 경우 9:1로 하거나 10:0으로
하기도 한다. 수익 비율은 기획사마다 다르다.
그리고 미리 계약의 종류를 알아둬서 혹시 모를 피해를 막아보자.
'전속계약'은 글자 그대로 기획사에서 아티스트의 모든 걸 다 해주
는 조건이다. 연기레슨, 스킨케어 등의 체형관리 등도 포함된다.

아티스트가 필요한 건 모두 다 해주며 그 대신 아티스트로 인해 벌어들이는 수익을 정해진 비율대로 나누는 조건이다.

'소속 계약'이란 돈이 오고가는 건 없다. 일이 생기면 같이 분배하는 조건이고 신인이 혼자서 활동하기 힘들므로 계약서 검토나 신인이 어떤 작품을 할까 말까 할 때 의견제시를 해주는 역할이다. 소속사가 일을 가져올 수도 있는데 이 경우 신인과 비율을 정해서 분배하게 된다. 소속 계약이란 신인이 어떤 회사에 발을 넣고 있다는 점, 기획사가 신인을 보유하고 있다는 점이 장점으로 작용할 수도 있지만 서로에게 부담감이 없으므로 신인이 회사에서 일을 받아 하게 될 가능성은 극히 드물다.

'가전속'이란 전속계약과 소속계약의 중간 형태의 계약이다. 일정 기간을 정해두고 소속 상태였다가 전속으로 옮기자는 제안도 할 수 있다. 가령, 6개월이나 1년 정도 서로 일을 해보다가 잘 되면 전속으로 하고, 안 되면 소속으로 하거나 그냥 헤어지자는 얘기다. 이건 근데 신인에게 불리한 조건으로 생각된다. 어느 회사 이름으로 신인 이름이 들어간 프로필이 돈다면 업계에선 그 회사 소속으로 알려지기 때문이다. 나중에라도 신인이 다른 회사 들어가거나 일이 잘 되더라도 제일 처음에 업계에 프로필을 돌린 그 회사 이미지만 더 좋아지게 된다.

방송프로그램, 화려한 방송 그 뒤의 현실

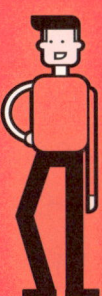

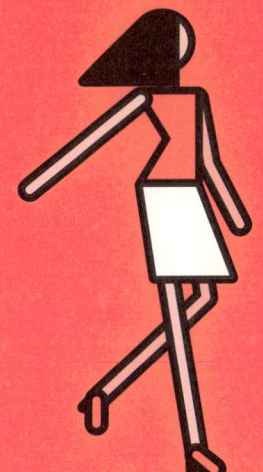

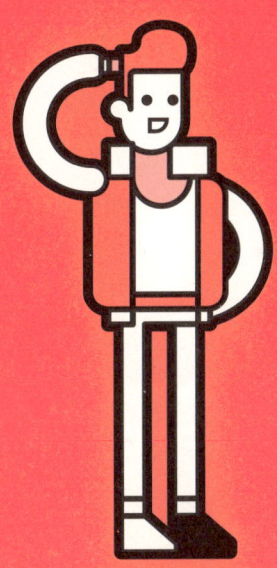

방송국의
수입과
대형 기획사

방송국은 광고수익으로 운영한다. 국내 지상파 3사는 정부의 지원금과 광고수입을 시청률에 따라 분배해서 벌어들인다. 그런데 경제상황이 안 좋아서 광고수입이 줄어들게 되면 주로 드라마 콘텐츠 판권 판매 등으로 돈을 벌어들인다. 물론 공영방송을 표방하는 터에 채널이 직접 판매를 할 수는 없고, 자회사 형태로 법인을 세워서 대리판매를 하게 된다.

한류콘텐츠가 방송에 휩쓸고 다니던 시절, 각 방송국에서는 수익 확대를 위해 앞다퉈 한류, 한류를 외쳤다. 자사 뉴스 방송을 적극 활용하며 한류 인기를 소개하고 해외 현지에서 방송 제작도 했다. 그런데 한류콘텐츠마저 지나친 경쟁으로 단가가 하락하고, 주요 PD들이 중국 및 타 방송사로 진출하게 되면서 방송국 입지가 좁아졌다. 예전처럼 시청률 높은 프로그램 수가 줄어들었다.

그래서 방송국들은 외주제작을 늘리기 시작했다. 경비절감 차원이다. 이 시기에 투자자가 많은 대형제작사나 기획사들이 방송국과 짝짜꿍을 한다. 자체 소속 스타들을 필두로 내세운 프로그램을 기획사에서 제작해서 방송국에 납품하는 방식이 이뤄진다. 방송국 입장에선 PD들이 스타 섭외에 신경 쓰지 않아도 되므로 편하다. 기획사 입장에선 본의 아니게 채널을 임대하는 형식으로 자체 소속 연예인들을 홍보할 수 있는 수단이 생기므로 이익이다. 누이 좋고 매부 좋고. 기획사 좋고, 방송국 좋고 그런 방식이다.

여기서 시야를 조금 더 넓혀 보자. 앞서 사회적으로 물의를 일으킨 연예인들에 대하여 이야기 했었다. 사회적으로 논란이 되는 스타 연예인들이 어떤 방송이나 프로그램에서 하차하지 않는 또 다른 이유. 그것은 바로 대형 기획사와도 연결이 되는 것이다.
방송국이랑 PD를 손가락질하기 전에 출연하는 연예인 소속사를 살펴보자. 어떤 곳에서는 대부분 외주제작사업도 겸하는 곳들이 많다. 누가 제작하고 누가 출연하는지만 봐도 답이 나온다. 또 한 가지! 예전에 듣기 어려웠던 '자진 하차'라는 단어가 매체에 등장하게 된 이유를 곰곰이 생각해보면 이해된다. '하차'와 '자진하차'는 엄연히 다른 말이다. 문제가 있는 연예인에 대한 여론을 의식해서 PD가 하차 시키는 것이 아니라 스타와 기획사가 스스로 하차하는 것이다.

이렇듯 방송국은 경비절감차원에서 대형 기획사들과 공존을 하고 있다. 어쩌면 대형 기획사가 갑인 상태일수도 있다. 스타를 꿈꾸는 신인들이 대형기획사에 목을 매며 들어가고자 하는 이유도 여기에 있을 것이다.

그렇다면 힘이 없고 돈이 없는 기획사 소속 스타들은 어떻게 해야 하는가? 물론 방송출연 기회가 줄어든다. 인기를 얻어야 방송에 나올 텐데, 인기를 얻을 작품 수가 없다. 방송에 나와서 인기를 얻어야 할 텐데, 불러줄 방송이 적다. 방송에 자주 등장하는 자본이 많은 대형기획사 소속 연예인들 이외의 연예인들이 살아남는 방법이 궁금하지 않은가?

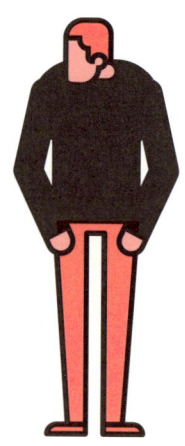

방송프로그램, 화려한 방송 그 뒤의 현실

방송국 드라마
제작 여건과
배역 팔이

요즘 드라마를 보다 보면 유독 자주 얼굴을 비추는 조연들을 볼 수 있다. 그들이 명품조연으로서 인기가 좋을 수도 있다. 하지만 그렇지 않은 경우도 있다. 과연 어떤 경우일까? 이를 이해하기 전에 먼저 우선 방송국 드라마 제작 여건을 이해해야 한다. 방송국에선 드라마국이 있지만 모든 작품을 자체제작하지 않는다. 그렇게 못한다.

독과점을 막기 위해 일정 편수를 외주 제작해야 하는 방송법도 있고, 방송국 재정 상태 상 자체제작이 극히 제한적이게 된다.

드라마 한 편이 만들어지는 과정은 꽤나 복잡하다. 7~80년대 방송국에서 투자자와 PD 입김으로 단박에 드라마를 만들던 시대가 아니다. 그 당시 PD가 감독으로서 캐스팅 권한을 휘둘렀다면 지금 드라마 제작여건은 인터넷 반응과 인기, 사회적 이미지까지 골고루봐야 한다. 드라마 방영 중에도 시청자들 여론이 안 좋으면 배우가 하차하거나 작가가 하차, 심지어 연출자까지 바뀌는 세상이다. 이러한 드라마 제작 과정에 대해 살펴보자.

먼저 외주제작사 또는 방송국 드라마팀에서 PD가 드라마를 기획하고 작가를 확보, 주연배우까지 결정한 후에 드라마 기획안을 결재 올리면 드라마국장, CP를 거쳐 편성팀에서 회의를 하게 되는데 이때 작가와 시놉시스, 주연배우를 검토하고 여러 가지 제작여건을 확인하게 된다.

까다로운 편성회의를 통과했다고 하더라도 바로 드라마 제작이 시작되는 것도 아니고 제작사에게 편성의향서를 내어주면서 앞으로 6개월 후, 1년 후 편성을 해보겠다는 의향만 밝히게 되는 게 전부다. 그동안 투자자 받아서 제작비 확보해두라는 얘기다. 물론, 이 과정에서도 중도 탈락하는 드라마 제작사들이 부지기수다. 지상파 3사 다 합쳐도 1년에 방송되는 드라마는 60여 편뿐이다. 배우로서 대한민국에서 1년에 드라마 여자 주인공 한 번 하려면 국내 여자 배우 서열 60위 안에 들어야만 가능하다는 얘기다.

자, 그럼 드라마 제작 현장에서 어떻게 해야 할까?
방송국 이익이 되는 최소한의 조건으로 제작비 수준을 맞춰두고 나머지는 하청을 준다. 외주제작사들에게. 그러면 외주제작사들은 채널 편성시간을 확보했으므로 방송국에서 지급받는 돈 외에 영업활동으로 제작비를 조달하기로 계산하고 드라마 제작에 착수한다.
그래서 '편성의향서', 이게 매우 대단히 중요하다.

방송국으로부터 편성의향서를 받아들게 되면 이때부터 본격적으로 제작비 투자자 확보활동에 나서게 된다. 그런데 드라마의 경우, 초

창기 제작비는 확보해서 우선 촬영 시작과 방영을 한다고 하지만 시청률을 담보로 추후 투자를 예상했던 곳에서 보류 결정들이 나오면? 제작사 입장에선 난감하게 된다. 방영을 시작했으니 선택은 딱 두 가지다.

조기종영 하느냐? 아니면 무리해서 정상 종영까지 가느냐?

시청률이 잘 나오면 그나마 다행이다. 방송국에서 논의해서 연장까지 하게 되니까. 극히, 매우 지극히 이례적인 상황이 된다. 하지만 조기종영을 하면 그나마 출연진들이 출연료를 받을 수 있는 기대를 하지만 정상 종영해놓고도 출연료 지급이 미달되는 사태가 벌어질 수 있다. '나중에 줄게~'라는 말로 촬영을 했지만 결국 '미안하다, 돈 없다'가 된다.

그래서 일반적으로 대형 제작사처럼 돈이 풍부한 곳에서는 안정적인 제작을 한다. 하지만 그렇지 못한 중소규모 제작사에서는 특이한 제안을 하며 제작요청을 한다.

이른바 배역팔이.
주연, 작가에겐 선불을 줘야하므로 그대로 두더라도 준주연이나 조연급 이하 배역을 갖고 배우들을 대상으로 돈벌이에 나선다. 이 역할 얼마, 저 역할 얼마! 하게 된다. 현장에 돌아다니는 얘기로는 미니시리즈 드라마 조연급 역할에 회당 1,000만원, 아는 사람 통해서 할인하면 7~800만원 정도에 책정된다고 한다. 무슨 소리냐고? 안

타까운 현실이지만, 드라마에 자기 돈 내고 출연하는 배우들이 생긴다는 거다.

16부작 드라마에 조연급 배우로 출연이라면 1억 6천만 원 정도 내고 출연한다는 이야기다. 자금사정이 어려운 궁여지책으로 제작사에서 만든 여건이겠지만 속히 사라지진 않을 현상으로 보인다. 물론, 배우가 드라마 제작사에 돈 내는 걸 다른 말로 표현하기도 한다. 이른바 지분투자! 배우가 자기 지분 투자한다는 말로 그럴싸하게 둘러대기도 하지만 목적은 똑같다. 부족한 제작비 메우기다.

"대형제작사에게 맡기면 되잖아?"
물론 그래도 된다. 하지만 대형제작사에서 자기들과 상관도 없는 신인, 다양한 배우 출연을 해줄까? 그들은 자기 소속 배우들 우선으로 출연시키게 된다. 결국 자본의 논리에 상황이 개선되지 않는 불리한 상태가 지속된다.

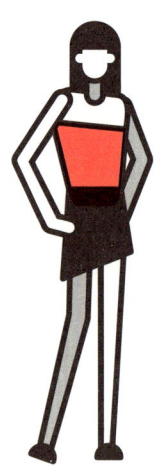

방송프로그램, 화려한 방송 그 뒤의 현실

방송 리포터, 누가 어떻게 캐스팅 될까?

리포터를 꿈꾸는 사람들이 있다. 생활정보 프로그램에 나와서 시청자들에게 좋은 정보를 주려는 사람들도 있고 연예계 방송 프로그램에 나와서 업계 사람들을 만나려는 사람들도 있다. 그들의 목적은 리포터를 하면서 얼굴을 알리고 인지도를 높이는 것, 방송에서 얼굴을 알리다 보면 가수가 되고 배우가 될 수 있으리라는 기대를 하는 사람들도 꽤나 있다. 그래서 그들은 리포터를 하고 싶다며 강남이나 서울 곳곳에 있는 학원에 다닌다.

고액의 수강료를 내고 리포터 혹은 아나운서를 꿈꾸며 도전하는데 그들 중 일부는 리포터가 아닌 기상캐스터가 되기도 한다. 그 이유는 아나운서, 전문 진행자, 리포터가 되고 싶어 하는 사람들 수는 많은데 정작 그 무대는 좁아서다. 하루에 5~10만 원 정도로 받는 출연료도 많은 편이 아니다.

그런데도 그들은 리포터를 하려고 한다. 하지만 설상가상으로 최근엔 방송가에서 방송작가나 PD들이 직접 출연하는 경우가 많아졌다. 그나마 있던 리포터 자리도 줄어든 것이다. 그래서 학원가에서는 리포터가 되려는 사람들에게 홈쇼핑의 쇼 호스트를 제안하기도 한다. TV홈쇼핑 채널이 인기를 끌면서 여기도 '방송'이란 이미지를 심어주려 했는지 모른다. 내 눈엔 그곳도 마찬가지지만. 어쨌든 리포터를 꿈꾸는 사람들이 또 하나의 무대 '쇼 호스트'가 되기 위해 연습을 하기 시작했다.

굳이 리포터, 아나운서가 아니더라도 기상캐스터, 쇼 호스트 등을 통해 TV에 나오기 원하는 사람들을 보면, 방송 출연이 얼굴 알리기를 목적으로 한다는 점을 알 수 있다. 일단 방송에 발을 들여놓으면 방송국 PD들에게 얼굴을 알리게 될 테고 점차적으로 드라마에 배우나 영화계 쪽으로도 나아갈 수 있을 것이란 기대를 하는 사람들이 많은 것이다.

"아나운서 학원에 다니는데요, 연기도 배워서 배우도 하려고요."

아나운서 학원을 다니는 서울의 한 여대에 다닌다는 지망생을 만났다. 큰 눈과 코 등이 타고난 미인이다. 그런데 그녀는 리포터나 아나운서를 하기엔 발음이 너무 안 좋다. 앵앵거리는 어린이 목소리와 애교만 부리려는 표정과 제스처는 아나운서의 모습과는 너무 거리가 멀다.

그래서 이 여대생에게 평소 생활 속 모습이 아닌 아나운서로서의 모습을 보여 달라고 했더니 지금까지 아나운서처럼 말하고 행동했다고 말하는 것이다. 충격적이었다. 아나운서로서 너무나 어설펐기 때문이다. 더 놀라운 사실은 아나운서나 리포터를 꿈꾸고 있다는 지망생이 정작 미팅하는 사람들은 드라마나 영화 쪽 사람들이라는 것이다. 그녀는 아나운서를 준비하면서 방송계 사람들에게 얼굴을 알림과 동시에 배우 쪽으로 나가보려는 계획이 있었던 것이다.

과연 그녀의 꿈은 아나운서일까? 배우일까?

타고난 미인이라고 해서 경쟁력(?)을 갖춘 건 아니다. 방송가나 연예계, 영화 분야엔 배우가 아니라 매니저나 제작진 스태프들 중에도 타고난 미인들이 많다. 방송작가 중에도 미인들이 많은 세상이다. 외모만으로 아나운서가 되어 방송 출연을 약속받는 시대가 아닌 것이다.

방송가에서 아나운서와 리포터, 기상캐스터는 누가 뽑는지 아는가? 다들 알다시피 각 방송국마다 공채 모집을 통해서 선발한다. 여기엔 선배들이 나오고 심사원들이 나와서 카메라 테스트, 발음 구사력, 돌발 상황에 대한 임기응변 등을 테스트한다.

그 가운데에 리포터는 방송제작진들이 임의로 정해서 만들고 지인들에게 제안하기도 하였는데, 이제는 작가나 PD가 직접 출연하는 시대이다 보니 주변 지인들에게 리포터 자리를 제안하는 경우도 사라지는 중이다. 모든 방송이 화려하고 꾸며진 것보다는 있는 그대로 진솔한 걸 추구하는 시대 특성 덕분이기도 하다. 그래서 리포터가 되어 방송가에 얼굴을 비출 수 있는 문도 점점 좁아지는 중이다. 방송환경이 달라진 또 다른 이유도 있는데, 방송가에 '노는 사람'이 너무 많아졌다는 점이다. 개그 분야, 연기자 분야 등에 잘 노는 사람들이 너무 많다보니 다른 영역에도 진출하는 것이다. 제작진 입장에서도 신인을 데려다가 발음연습, 진행력 등을 검토하고 교육시켜서 다시 쓰기보다는 방송을 아는 유명인들을 리포터로 쓰기 편하다. 그들은 방송도 알고 카메라 앵글도 아는 사람들이라서다.

"리포터나 아나운서, 기상캐스터, 진행자 되려면 공채 통해서 합격하면 되는 거 아니에요?"
당신이 방송제작진이라고 입장을 바꿔서 생각해보자. 세상에 방송프로그램이 몇 개이고 거기에 필요한 리포터, 아나운서는 몇 명일까? 당신이 필요할 때마다 손쉽게 리포터나 진행자를 구할 수 있을까? 그렇지 않다면 당신은 어디서 구할까?
리포터를 준비하던 당신, 당신이 알고 있고 기대하던 그 모든 것이 현실과 다를 수 있다.

TV 오디션 프로그램은 철저한 상품이다

방송국은 프로그램이라는 상품을 만들어서 시청자들에게 내보이는 곳이다. 시청자들은 방송을 시청하면서 소비자가 된다. 방송국에 작가나 PD 등의 제작진들은 상품기획팀이고 카메라나 편집, 기술진들은 생산팀에 비유할 수 있다. 이렇게 놓고 생각하면 '방송' 그 자체가 상품이란 걸 알게 된다.

그래서 방송은 브라운관이나 모니터에 선보일 '움직이는 그림'을 만들어서 파는 분야다. '그림'이라니? 도대체 무슨 말일까? 잘 모르는 사람을 위해 다시 말하자면 '시청자들이 보고 싶어 하는 장면'을 보여주는 상품이란 이야기다. 시청자들에게 필요한 그림다큐멘터리을 만들기도 하지만 그건 시청자들이 별로 많이 보지 않는다.
'그림 같다.'
이 말은 방송을 이해하는 가장 쉬운 표현이다. '그림 같다'는 말이 무엇인가? 예쁘다는 얘기다. 혹은 사람들이 평소에 주위에서 흔히 볼 수 없는 장면이라는 소리도 된다. 또 다른 말로는 보통 사람들이 쉽게 경험할 수 없는 모습이라는 얘기도 된다.

그럼 뭘까? 당신이 브라운관과 모니터를 통해 보는 방송을 생각해보자.

연기자나 가수, 무대 등이 '그림' 같지 않은가?

예쁘고 멋있고 특별한 무대가 방송을 통해 당신에게 전해진다. 그걸 보고 있으면 당신은 마치 꿈을 꾸는 듯, 기분도 좋아진다. 방송에 나온 미남 미녀들 중에서 관심이 가는 스타가 생기며 어느새 팬이 된다. 그러다 보면 어느 순간 '나도 한 번 도전해볼까? 방송에 나가면 나도 저들처럼 스타가 되겠지? 나도 저런 예쁜 사람들과 같이 일하고 싶다. 나도 저런 무대에 서고 싶다!'고 생각할 것이다. 그래서 오디션에 도전한다.

"지상파 드라마 오디션 정보 얻기가 어려워요. 오디션 프로그램에 나가보기로 했어요!"

기획사에 들어가지 않으면 오디션에 대한 정보를 얻기 어렵다. 그래서 방송 오디션 프로그램이 인기를 끌고 있다. 하지만 많은 사람들이 착각하곤 한다. 준비가 되지 않은 사람들은 자신의 모습 그대로, 실력 그대로 보여주면 될 거라고 여긴다. 진심은 통한다고 생각한다. 오디션 프로그램은 쟁쟁한 실력파 지원자들이 경쟁하는 곳이므로 진짜 실력을 가진 사람이 우승할 거라고 생각한다.

안타깝지만 현실은 다르다. 위에서 말했듯이 '그림 같다'는 말이 통해야 하는 방송 프로그램은 상품이다. 사람들에게 있는 그대로를 보여줘야 하는 게 아니라 꾸며지고 아름답고 예뻐야 하는 걸 보여야 하는 곳이다. 청바지에 흰 티를 입고 나오는 곳이 아니라 풀메이크업을 하고 의상을 빌려 와서라도 입고 나와야 하는 곳이다. 꾸미고 치장하고 일단 예쁘고 잘나 보여야 하는 곳이다.

방송을 음식에 비유해보자. 방송은 조미료 등으로 철저하게 맛을 추구하는 가공음식이다. 각종 스프와 설탕, 소스 등을 통해 맛과 향을 증가시킨다. 그동안 먹어보지 못한 맛의 음식을 손님에게 주는 것이다. 처음 먹어보는 맛있는 음식을 원하듯, 시청자들은 그들이 쉽게 볼 수 없는 '그림'을 원한다.

오디션 프로그램에 나가고 싶은가?

순수하게 실력으로 승부하겠다는 생각은 삼가자. 실력파 연기자나 실력파 가수라는 얘기는 외모 상관없이 오로지 노래와 연기만을 보여주는 사람이란 얘기도 된다. 그런데 실력 좋은 사람은 세상 천지에 널리고 널렸다. 그럼 어떻게 해야 할까? 방송제작진 입맛에 맞게, 시청자들에게 보여줄 수 있게 꾸며야 한다. 개성을 살리고 스타일을 하면 된다. 그렇다고 성형수술을 하라는 이야기가 아닌 것은 알 것이라 믿는다.

전능할 것 같은
PD와 방송작가의
진실

프로그램을 만드는 PD와 방송작가들의 힘은 대단하다. 하지만 그들의 마음대로 모든 것을 할 수는 없다. 방송 프로그램은 일정한 규칙이 있다. 보도 프로그램, 예능 프로그램, 다큐 프로그램, 드라마 프로그램 등으로 구분한다고 해도 공통되게 적용되는 부분이 있는데 그건 바로 방송심의규정이다.

"방송 프로그램은 작가들이랑 PD들이 자유롭게 만들고 싶은 대로 만드는 거 아니에요? 방송에 출연시킬지 말지 결정하는 건 그들이 하잖아요?"
반은 맞고 반은 틀리다. 방송은 작가들과 PD들이 자유롭게 만든다. 하지만 일정한 규정 안에서 만들어야만 한다. 제작진의 자율과 창의력대로 만드는 방송이라고 하지만 그 영향력이 국민 전체에 전해질 만큼 지대하기 때문에 함부로 방송을 내보내게 할 수 없기 때문이다.
생각해보자. 방송은 불특정 다수에게 전파되는 매체다. TV 앞에는 갓난아기부터 할아버지 할머니까지 모두 있을 수 있다.

그런 시청자들을 위해 방송을 만들려면 모든 세대가 보고 공감할 수 있는 내용이어야 하지 않을까? 방송시간대에 따라 제품광고가 달라야 하는 이유랑 같다. 술 광고는 밤11시 이후부터 광고할 수 있는 식이다. 이러한 규정이 없이 방송 프로그램에 비속어가 남발하고 서로 시기하고 질투하는 내용만 나온다고 해보자.

그걸 보는 사람들에게 영향을 준다. 온 국민 전체가 서로 질투하고 시기하는 감정에 시달릴 수 있다. 반면에 사랑하고 서로 배려하는 내용만 나온다고 해보자. 국민 전체가 서로 배려해주는 문화가 조성될 수 있다.

"그런데 왜 서로 배려하고 좋은 문화가 조성되도록 하는 방송만 나오지 않는건가요?"

PD들이 항상 고민하는 것. 바로 시청률이다.

시청자들이 '방송이 다 그렇고 그렇지 뭐.'라고 생각해버리면 누가 방송을 볼까? 희로애락이 있고 논쟁이 있고 감동도 있어야 한다. 복잡하고 미묘한 인간사를 다 담고 있어야 하는 게 방송이며, 그래야 시청자들이 생긴다. 그렇다 보니 제작진에서는 듣기 좋고 보기 좋은 내용만 방송할 수가 없다. 오히려 때로는 귀에 거슬리는 내용도, 눈에 거슬리는 장면도 보여줄 수 있다. 그걸 보고 시청자들이 반면교사의 마음으로 '나는 저러지 말아야지'를 느끼게 해주면 그게 더 효과적이기 때문이다.

"너 이번에 메인작가 된다며? 나 방송 패널로라도 꽂아줘!"

"이번에 프로그램 연출 맡는다지? 나 좀 간간이 내보내 줘."

방송작가와 PD들에게 쏟아지는 러브콜들이 많다. 기획사 사람들이 나 주변 친인척들도 있다. 생판 모르던 사람들도 방송을 통한 홍보를 노리고 접근해오는 경우도 생긴다. 실제 대박을 기대하고 오는 사람들은 아니다. 방송을 타기만 하면 홍보가 되는 거니까, 방송에 나가지 않는 것보다는 낫다고 여기기 때문이다.

하지만 방송작가나 PD들 입장에선 그들의 부탁을 선뜻 들어줄 수가 없는 입장이다.

인증되지 않은 신인 연기자들을 자기 마음대로 방송에 내보냈는데 방송에 나와서 방송품위에 어울리지 않는 말을 해버리면 그 순간 그 모든 책임은 담당자가 지게 된다. 방송작가 역시 마찬가지다.

아무나 쓸 수 없다. 방송언어랑 방송 현장을 제대로 이해하지 않은 채 방송을 기획하고 콘티를 짜면 모조리 방송불가 판정을 받을 수도 있다. 방송작가 마음대로 내용을 구성해버려도 나중에 문제가 될 수도 있다.

그리고 세상에 비밀은 없다. 방송작가나 PD들이 친인척 지인들의 부탁을 거절 못하고 프로그램에 살짝 넣었다고 하자.

그걸 보는 사람들은 다 안다. 방송 경력 수십 년 이상 되는 사람들이 모든 방송 프로그램 화면을 모니터링 하고 있는 곳이다. 그것도 실시간으로 모니터링 한다. A방송국에서 A방송국 프로그램만 보는 게 아니다. 다른 지상파 방송국 화면, 케이블 방송국 화면, 종편 채널 화면까지 한눈에 들어오게 브라운관을 연결해두고 본다.

실시간으로 모니터링 하는 시선들이 많은 방송국 현장인데 방송작

방송프로그램, 화려한 방송 그 뒤의 현실

가나 PD 마음대로 방송을 내보낼 수도 없고, 부적절한 제안을 받고 방송을 이용할 수도 없다. 이뿐 아니다.

방송국마다 자체 모니터링 시청자들을 선정해두고 방송국 외에서도 점검을 한다. 방송국 사람들의 시선으로 잡아내지 못하는 요소들까지 시청자들을 통해 검증해내겠다는 취지다.
방송작가들은 말한다. '내가 만드는 방송이지만 내 마음대로 할 수 있는게 아니라고.'

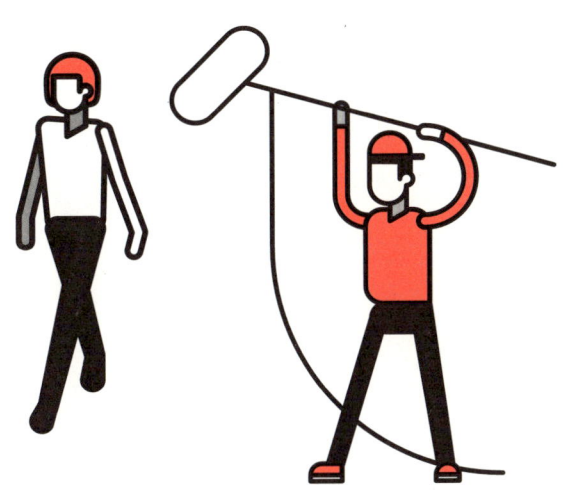

방송 프로그램
기획서의
비밀

　　　　　방송제작진들은 항상 아이디어 고갈에 시달린다. 그래서 타 방송국의 프로그램을 카피하기도 한다.
또한, PD와 방송작가들의 업무가 과중되고 있다. 예전에는 PD들이 프로그램을 기획하고 방송작가들이 방송대본으로 구성하면 그걸 다시 조연출이나 연출팀에서 화면에 입혀 자막을 넣고 편집하는 게 대부분이었다.

하지만 요즘엔 PD나 방송작가들이 기획부터 시작해서 화면 편집에 자막을 넣는 일까지 여러 가지 일을 함께 한다. 그야말로 방송작가 및 PD들이 전천후 방송인으로 거듭나고 있는 시기이다.
그러다 보니, 아이디어가 생길 틈이 없다.
새로운 프로그램을 기획하고 제작이 결정되면 팀이 구성되어 대본을 짜고 연출을 한다. 요즘에는 시청률에 따라 조기종영 혹은 폐지가 빈번해지면서 PD나 방송작가들은 프로그램 기획과 동시에 시청률까지 걱정해야 되는 상황이 온 것이다. 새로운 프로그램 기획보다는 시청자들이 좋아하는, 시청률이 나오는 프로그램을 짜깁기하는 수준의 경우도 많이 보이는 이유다.

방송출연 기회를 잡으려는 연예인들의 노력은 치밀하다 못해 때로는 눈물겹다.

방송작가의 PD들의 아이디어 고갈 문제를 잘 아는 연예인들은 스스로 콘텐츠를 기획해서 제작진에게 제안하기도 한다. 방송으로서 어떤지 묻고 괜찮다면 자기가 출연하는 조건으로 기획안을 함께 만들어 나간다. 이따금 매체뉴스로 등장하는 내용 중에 인기 MC들 중에는 제작진과 협의해서 공동으로 방송을 만든다는 이야기들이 전해지곤 했는데 같은 경우다.

이와 같은 선배 스타들의 노력은 신인들로서도 눈여겨 볼 부분이다. 프로그램 기획서는 도대체 뭔가? 어떻게 만들고 어떻게 이용하는가? 그걸 안다면 자기에게 어울리는 프로그램을 기획해서 방송제작진에게 주고 싶을 것이다. 하지만 자신에게 주어지는 방송대본만 받아본 입장에선 잘 모르는 부분이다. 방송제작진들이 기획안으로 만드는 걸 본 기억이 별로 없어서다.

기획안과 방송대본은 다르다.

이번 기회에 방송작가와 PD들이 만드는 방송기획안을 살펴보고 배워서 자기만의 방송콘텐츠를 기획하고 제작진에게 제안도 해보자. 남이 만든 방송은 애초에 당신을 고려한 방송이 아니므로 거기에 들어가기가 쉬운 게 아니다. 하지만 당신이 만든 방송기획안은 당신이 필수적으로 들어가야 하는 내용이므로 그 기획안이 결정이 나면 당신이 출연하는 건 당연하다. 거기에 플러스 요인으로 방송포맷에 대해 저작권료까지 얻을 수도 있다.

방송프로그램이란 특별한 사람들이 만드는 게 아니다.

중요한 건 기획력과 그 안에 담는 내용이다. 남들이 만드는 프로그램에 당신이 들어갈 생각은 하지 말자. 애초에 그들 머릿속엔 정해져 있는 사람들이 있다. 당신은 없을 수도 있다. 그렇다면 이제부터 당신만의 프로그램을 기획해서 방송제작진에게 제안해보자. 그들이 당신을 특별하게 보게 된다.

모 방송작가가 본인이 직접 출연하면서 게스트 연예인보다 더 유명해지고 인기를 끄는 경우도 보았을 것이다. 연예인의 인기보다 기획의 힘인 것이다. 아직 유명하지 않다고 겁먹지 마라. 좋은 기획서를 들고 찾아갈 수 있다면 당신은 어느새 방송작가들과 PD들 사이에서 '같이 일 해보고 싶은 사람' 0순위가 되어 있을 게 분명하다.

그리고 방송 프로그램 기획안을 방송 제작진이나 다른 사람에게 제안할 때는 반드시 기록을 남겨두어야 한다. 당신 스스로 창작한 기획안이라는 점을 기록하기 위해서는 이메일을 사용해라. 『내게 쓰기』 기능으로 기획안을 완성해서 내게 보내어 기록을 만든 후 그 기록을 보관한다. 화면 캡쳐하거나 출력해서 보관해도 좋다. 단, 이메일을 지워선 안 된다. 이렇게 나만의 기획안으로 창작한 기록을 남겨뒀다면 그 다음엔 방송제작진이나 프로덕션 사람들에게 제안을 해도 된다. 당신의 기획안이라는 문구를 반드시 넣는 건 상식이다. 저작권은 등록을 해야만 하는 것은 아니고 스스로 창작했다는 기록만 입증할 수 있으면 되는 점이므로 그 프로그램 기획안은 영원히 당신것이 된다. 다른 사람들이 베낄 수도 없고 비슷한 프로그램을 만드는 것도 함부로 할 수 없게 된다.

방송프로그램 기획안 1 PROJECT PROPOSAL

◎ 기획 의도

· 취업보다 창업이란 신조어가 생긴 사회

· 취준생이란 사회적 지위가 생겨버린 대한민국의 쓸쓸한 현실

　우리나라 청춘은 열정 페이를 강요당하더라도 인턴을 지켜야 할까?

　자영업자 500만 시대, 실패만 하는 자영업의 돌파구는?

　KFC 전세계 점포 수 35,000개, 국내 치킨집 36,000개

· 재미와 의미를 더해 불굴의 현실을 바꾸고자 창업하는 청춘을 응원한다

· 연예인들이 시청자를 대신해 창업에 도전한다.

· 불꽃처럼 순간이라 아름다운 청춘이 아니고 도전과 성공의 방향성

· 나이순이 아니라 마음으로 정의하는 '당신은 청춘입니까'를 확산시키고

　대한민국 미래를 짊어진 청춘들과 SBS의 도전정신을 나눈다.

◎ 방송 개요

❶ 제작 담당 : 윤수미

❷ 방송 편성 : 파일럿 1~2회 / 2015년 여름 중 / 회당 60~70분 예정

　(정규 편성 시 추후 논의)

❸ 제작 형식 : 야외(창업 현장 등) 중계 녹화

❹ 메인 내레이션 : 김영애

❺ 현장진행

· MC: MC유　　　　　　　· 남자팀: 송기헌　　　　　　　· 여자팀: 최혜인

❻ 출연 패널

· 방청객 판정단

· 창업도전자들의 아이템을 사실 그대로 점수 매겨줄 블라인드 방청단

◎ 제작 방향

이 시대의 무미건조한 청춘들이 사회적 제약에 가로막힌 채
하루하루를 무의미하게 살아가는 현실에서 탈피시켜줄 도전을 시도한다
정치적 이슈는 철저히 배제당한 채 꿈을 저당 잡힌 한계를 넘어 다양한 분야에서
창업의 문제에 도전할 수 있는 인물들로 한다. 청춘들의 '1인칭 고민'에서 찾은 '이
시대의 문제'를 시청자들과 함께 해법을 나눈다.

◎ 기본 구성

❶ 출연진 등장

· 오늘의 빚 만들기 및 가벼운 근황 토크

❷ 출연자 개인에게 창업이란?

· 각자의 창업 실패담

· 창업해본 적 없는 연예인들의 맨몸 맨땅 도전의지

  '제가 이 아이템을 꼽은 이유는?

❸ 빚 토크

· 이 프로그램의 성격을 보여주는 메인 코너.

· 가상의 빚을 정해두고 빚을 가진 상태에서 창업에 나서는 맨땅 도전 이야기

· 실제 빚 이야기도 좋고, 가상의 빚 이야기도 좋다

· 나라빚 1천조원 시대에 개인당 부채가 어마어마한 상황

  불경기에 창업마저 어려운 상황, 빚에 짓눌려 포기하지 않는다는 용기 부여

  빚이란 극복할 수 있는 가벼운 것이고 할 수 있다는 용기 소통 무대

❹ 창업시작

· 자기만의 아이템 선정부터 창업까지

· 출연자에게 주어진 창업 자본 선택의 시간

  휴대전화 1대, 10만원, 오늘의 맨땅(아무 것도 없음)

   부양가족 수, 월 고정지출금액 할당의 시간 등

· 사업 공간 선택의 시간

　자기 방, 고시원, 주차장(회차별 장소 변경)

❺ 제작진 SOS 타임

· 빚 얹어주기 타임(출연자 대출심사를 통해 대출 가능), 은행대출계 출연

· 다양한 아이템에 대한 시청자 관점을 담은 SNS 토크참여 방송

◎ 구성의 예

#1. 백수 출연진 등장

❶ 창업을 해본 적 없는 출연진 등장

❷ 방송 초대 이유를 설명하고 출연자의 참여 의사를 이끌어낸다.

· 현장 진행자 등장

· 현장 진행자 역할 : 창업의욕을 방해하는 유혹의 속삭임

#2. 빚이 생겼어요!

　PART 1 "난데없이 빚 있어요"

❶ 빚, 부양가족, 대출금 등 현실 상황 부여

❷ 사업장 선택 복불복

· 사업자금 선택 복불복

　PART 2 몰래 출연진

❶ 출연자들과 친한 지인들에게 사전섭외 후 창업방해 유혹 역할 부여

· 선/후배, 소속사 직원, 일반인 친구들 등

#3. 맨땅에 들어온 출연자들

❶ 창업 다큐 시작

· 몰래출연진 적극 참여 시작

#4. 성공과 실패

❶ 성공사업자 선정 및 부상

❷ 실패사업자 확정 및 사업 조언 가이드

#5. 유혹의 출연진 등장/소개

❶ 창업자들을 괴롭혔던 몰래출연진 공개

❷ 현장진행자들의 출연진 평가 타임

❸ 다음 출연진 예고/ 티져 방송

◎ 제작 일정(예상)

☞ 2015년 : 기획안 완료

☞ 2016년 3월 초 ~ 중순 : 출연자 섭외 및 사전 미팅/ 녹화장소 조사 및 사전답사

☞ 2016년 3월 중순 : 예산 확정 / 녹화장소 헌팅 / 프로그램 그래픽 디자인 의뢰,
   타이틀 및 미술 의뢰 등 / 제작팀 본격 구성

☞ 2016년 6월 말 : 파일럿 구성회의 / 출연자 최종 확인

☞ 2016년 7월 7일 ~ 10일 중 : 파일럿 녹화 (2회 분)

☞ 2016년 10월 방송

위에서 설명하는 방송프로그램 기획안은 사실 어떤 고정된 형식이 있는 건 아니다. 방송을 기획하는 사람이 자유롭게 만드는 내용이면 된다. 다만 방송기획안에 필수적으로 들어가야 할 내용은 반드시 넣어주도록 한다.

위의 기획안에 전체적인 순서를 그대로 두고 세부 내용만 바꿔서 다른 기획안을 만들어 보자. 단, 일반적으로 들어가야 하는 필수항목은 그대로인 점을 눈여겨보자. 이처럼 하나의 구성안에서 세부 내용을 첨가하면서 새로운 기획안으로 얼마든지 만들 수 있다.

방송프로그램 기획안 2

◎기획 의도

· 이민 가고 싶다, 귀농하겠다는 사람들이 급증하는 시대

· 정말 이민이란 게, 귀농이란 게 현실의 돌파구일까?

· 재미와 의미를 더해 이민의 정의와 외국 삶을 체험해보자

· 어쩌면 당신의 집은 바로 여기, 지금 그 자리가 최고가 아닐까?

· 이민 대신 현실의 극복이 최선일 수 있다는 도전과 성공의 방향성

· 나라사랑으로 정의하는 '당신은 우리(we)입니다'를 확산시키고
  대한민국 미래를 짊어진 청춘들과 KBS의 도전정신을 나눈다.

◎방송 개요

❶ 제작 담당 : 이연수

❷ 방송 편성 : 파일럿 1~2회 / 2015년 여름 중 / 회당 60~70분 예정
  (정규 편성 시 추후 논의)

❸ 제작 형식 : 야외(이민생활 체험 집 등) 중계 녹화

❹ 메인 내레이션 :

❺ 현장진행–MC

  · 남자: 정윤성(도전정신 충만한 철부지 가장)

  · 여자: 최혜인(묵묵히 참아주는 알뜰한 엄마)

❻ 출연 패널

  · 스튜디오 출연진 외국인

  · 현지인 출신 외국인들의 이민생활 조언

◎ 제작 방향

이 시대 암울함을 느끼고 현실 탈출을 원하는 사람들에게 진정한 집의 의미를 논의·도피성 이민은 아닌지, 성급한 귀농은 아닌지 당신의 현재 문제가 무엇인지 다뤄보자. 정치적 이슈는 철저히 배제당한 채 미래를 저당 잡힌 한계를 넘어 문화 충돌, 예기치 않은 삶의 현장, 체험해본 삶 이야기, 개인 소회 등을 나눈다.

현실 탈출욕을 지닌 '이 시대의 문제'를 시청자들과 함께 해법을 나눈다.

◎ 기본 구성

❶ 출연진 등장

· 가벼운 근황 토크

❷ 출연자 개인에게 이민, 귀농이란?

· 각자의 상상속 꿈같은 생활 이야기

· 연예인들의 맨몸 맨땅 낯선 곳에서 살아가기

· '제가 이 상상을 한 이유는?

❸ 생활

· 이 프로그램의 성격을 보여주는 메인 코너.

· 꿈꾸던 삶 만들기

· 이민 나라, 귀농 환경 등 어떤 상상도 좋다

· 이민 희망 나라일 경우 현지인 출신 주한 외국인들이 이웃으로 출연

· 귀농일 경우 실제 현지에서 촬영

· 도시생활 경우 있는 그대로 스트레스 상황

❹ 상상 속 꿈꾸던 삶 시작

· 자기만의 집 꾸미기부터

· 출연자는 이웃을 선택할 수 없다

· 이민이라도 일을 해야 한다

· 귀농이라도 일을 해야 한다

· 선택의 시간

· 낯선 환경 선택만 자유, 나머진 모두 다큐

❺ 제작진 SOS 타임

· '나 돌아갈래' 선택의 시간

· 다양한 삶에 대한 시청자 관점을 담은 SNS 토크참여 방송

◎**구성의 예**

#1. 현실탈피족 등장

❶ 이민, 귀농 등을 해본 적 없는 출연진 등장

❷ 섭외를 받아들인 이유를 설명

· 현장 진행자 등장

· 현장 진행자 역할 : 방조자 역할, 낙담시킬 유혹의 속삭임

#2. 꿈꾸던 삶이에요!

　PART 1 "이민 왔어요"

❶ 현지 출신 외국인 이웃

❷ 외국 현지 삶 그대로 체험

· 재산 등의 기본필요조건은 출족시켜줌

　PART 2　귀농 왔어요

❶ 희망 귀농 지역에 데려다 줌

· 모든 걸 스스로 해결해야 함

· 재산 등의 기본필요조건은 충족

· 몰래 출연진 적극 참여 시작

#3. 여전한 삶이에요

❶ 스트레스 현실 팍팍

❷ 몰래 출연진 적극 참여 시작

#4. 성공과 실패

❶ 성공자 선정 및 부상

❷ 실패자 확정 및 조언

#5. 유혹의 출연진 등장/소개

❶ 출연자들을 괴롭혔던 몰래 출연진 공개

❷ 현장 진행자들의 출연진 평가 타임

❸ 다음 출연진 예고/ 티져 방송

◎ **제작 일정**

☞ 2015년 : 기획안 완료

☞ 2016년 3월 초 ~ 중순 : 출연자 섭외 및 사전 미팅/ 녹화장소 조사 및 사전답사

☞ 2016년 3월 중순 : 예산 확정 / 녹화장소 헌팅 / 프로그램 그래픽 디자인 의뢰,

　　　　　　　　　타이틀 및 미술 의뢰 등 / 제작팀 본격 구성

☞ 2016년 6월 말 : 파일럿 구성회의 / 출연자 최종 확인

☞ 2016년 7월 7일 ~ 10일 중 : 파일럿 녹화 (2회 분)

☞ 2016년 10월 방송

『주』 단어설명

파일럿 pilot : 정규 방송 편성 하기 전에 1회성으로 방송해보고 시청자 평가를 받는 것

티져 teaser : 예고편이란 의미로 방송 내용을 편집해서 홍보용으로 만든 소개영상

패널 panel : 방송 진행자를 포함하는 방송출연진

　　　　　　　방송프로그램, 화려한 방송 그 뒤의 현실

TV 프로그램과 다른, 영화·연극·뮤지컬 무대의 감춰진 이야기

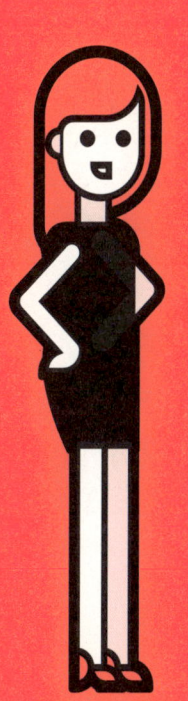
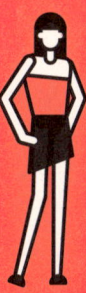
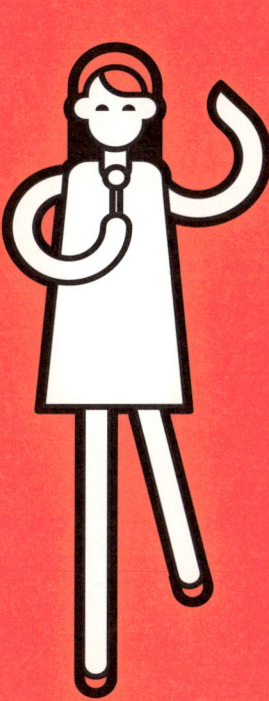

연극배우에게
공연이 쉼 없이
생기는 이유

연극판은 선후배 사이가 이끌어간다. 연극 무대에 한 번 발을 들여놓으면 공연이 끝날 때마다 신기하리만치 다음 작품이 기다리고 있었다. 이쯤 되면 대부분의 연극 배우는 자신의 위치를 높게 보기 시작한다. 내가 연극 연기를 잘하니까 많이 찾아주는구나! 나의 연극이 인정받기 시작하는구나! 이제 TV에 나올만큼의 인지도도 쌓였다고 생각한다. 그렇게 혼자만의 상상의 나래를 편다.

하지만 현실은 좀 다르다. 첫 번째로 생각해야할 점은 현재 연극 분야는 스타 배우의 기근과 더불어 침체기이다. 이는 카메라 분야에서 인지도를 쌓은 사람이 연극 무대에 오른다고 해서 해결되는 이야기가 아니다. 드라마나 영화에서 인기를 가진 사람이라고 해도 연극 무대에 오면 힘을 발휘하지 못한다. 매체연기와 연극연기의 차이도 있을 것이다. 그뿐 아니라 유명한 중견 남자배우가 연극무대에 와서 극단을 만들고 배우를 모아서 작품을 올렸지만 관객이 안 늘었다는 얘기가 들린다. 그런데 이상하게 들리지 않는다. 연극계의 침체를 당연하게 받아들이는 분위기다.

두 번째로 침체기를 타파하고 인기를 얻으려면 연극의 고급화에 나서야 되는데 이러한 변화가 적다. 아직도 무대는 소극장 무대가 대부분이고 좁은 좌석에 지하공간만의 매캐한 느낌이 있어서 연극의 발전을 막는 요인 중에 하나가 되었다. 전통시장에서 벗어나 쇼핑몰에서 쇼핑을 하고 더 나아가 백화점에서 편안하게 쇼핑을 하고 있다고 보자. 편안함에 취해서 다시 전통시장으로 가기 불편할 것이다. 연극도 똑같다. 연극을 보려면 지하공간으로 들어가야 하고 대부분 외국번역작품이라 낯설기도하고, TV에서 볼 수 있는 유명한 배우도 없고 그렇다고 가격이 싼 편도 아니다. 연극을 볼만한 연령대의 소비자들이 점점 더 외면하게 되는 이유다.

물론 이러한 흐름에 따라 변화하는 극단도 있다. 일부 극단에서는 성인연극을 올린다. 지하공간, 좁은 좌석, 눈앞에 무대. 어쩐지 성인연극 콘셉트는 현재의 연극 무대의 환경과 잘 어울린다. 실제로 성인연극은 티켓이 거의 매진이다.
열악한 환경의 연극과 달리 뮤지컬은 고급스러운 문화의 성공이다. 뮤지컬은 춤과 노래, 연기가 혼합된 장르다. 관객들은 무대 위에서 뮤지컬 배우들을 보며 눈과 귀와 온몸으로 감동을 즐긴다. 그래서 정작 배우들 얼굴은 모르더라도 작품명만 보고 티켓을 산다. 이른바 문화귀족주의라고 할까? '이 정도 뮤지컬은 내 인생에 한 번쯤 봐야지?'라고 여긴다. 가격이 비싸도 팔린다. 게다가 뮤지컬에 인기 아이돌 스타가 배우로 나온다면 더 좋다. 자기만의 문화귀족주의에 아이돌 스타까지 동참해준 것 같은 기분이 들어서다. 뮤지컬 티켓

가격이 비쌀수록 문화귀족주의의 자부심이 높아진다.

이러한 사례들이 있음에도 순수연극을 표방하는 이들의 연극은 달라지지 않았다. 몇 십 년 전이나 요즘이나 똑같다. 순수연극이야말로 진정한 예술이라며, 대학교 교수와 연극배우들, 선배와 후배를 중심으로 연극무대를 이끌어갔다. 새로운 관객이 유입되는 게 아니라 전공학생들과 기존의 선후배들이 만들어갔다. 순수연극 무대는 점점 더 설 자리를 잃어가는 중이다.

당신이 연극배우인데 연극 작품 무대가 쉼 없이 들어온다? 위에서 설명한 현재의 상황에서 판단해보자. 당신의 연기가 좋아서일까? 관객들은 연극을 보고 좋아서 박수를 치는 걸까? 선후배 사이니까 응원해주는 걸까? 배우대기실에 꽃다발을 들고 오는 사람들은 누구인가?
연극배우에게 무대가 쉼 없이 생기는 이유는 배우자원을 풍부하게 유지해서 '판'을 키우고 싶어 하는 기성 선후배 연극인들의 바람이기도 하다. 사실 정부에서 무대를 지원하기도 하고 해외공연도 나가기도 하면서 활발한 모습을 보여주지만 문제는 연극인들만의 무대가 많다는 점이다.

관객에게 어필할 작품을 만들고 매체에 관심을 받으며 입장권이 매진될 작품을 추구하기보다는 서로 알고 지내는 그들 소수만을 위한 작품을 우선 무대에 올리려는 건 아닌지 고민해야 한다. 요즘 관객은 그들이 원하는 작품이라면 국내를 넘어 해외까지 찾아가 보는 시대다. 선후배 배우들끼리 그들만의 눈높이에 맞춘 작품을 무대에 올리기보다는 관객의 기대치에 부응하는 작품을 만드는 게 중요하다.

연극 무대에 서고 싶은가? 아니면 선후배 지인들 사이에서 쏟아지는 작품 제안에 기분이 좋은가? 연극 무대에 서는 것 자체를 만족한다면 괜찮다. 하지만 매체연기를 통해 스타가 돼서, 인기도 얻고, 돈도 많이 벌고 싶다면 자신의 상황을 신중하게 생각해봐야 한다. 무대 작품 출연 제안이 쏟아진다고 해서 좋아만 할 것이 아니라 자신의 목표가 어딘지 집중해야 한다는 이야기다.

연극 무대가 인기 있다면 배우들에게 초대권이 할당될 이유도 없다. 비행기승무원에게 무료 비행티켓이 주어지지 않는 이유랑 같지 않을까? 스스로 생각해보자. 연극 무대가 끊임없이 생기는 이유는 무엇일까?

연극배우들이
TV에 자주
보이지 않는 이유

무대 연기랑 매체 연기가 다르다. 제스츄어가 중요한 무대연기가 있고, 눈빛이 중요한 감정선을 살려야 하는 매체연기가 있다.

"연극 무대에 10년차에요. 이젠 카메라 연기를 해보고 싶어서요. 연기만 생각하느라 미래에 대한 준비나 돈을 모아두지 못한 점도 있어요. 이젠 인지도도 높이고 활동도 많이 하려고요."

"드라마나 영화를 해서 인기를 얻으면 그 다음에 연극 한 편 정도는 해두려고요. 그래야 순수예술도 할 줄 아는 연기자라는 평가를 받는 데 도움될 거 같아요."

그런데 오디션을 해보면 연극 연기경력이 오래된 배우와 카메라 연기 쪽 경력을 가진 배우랑 오디션을 임하는 자세가 다르다. 연극 경력이 많은 배우는 이미지 미팅이란걸 잘 모르고 배역이 정해기 전이니 자신의 순수한 이미지를 매력으로 보여야겠다고 생각하고 온다. 운동화에 청바지, 생머리에 옅은 메이크업이 전부다. 청바지에 헐렁한 티셔츠 차림도 많다. 누가 보더라도 연극배우처럼 하고 다닌다. 그 차림새 그대로 카메라 연기 배우로 지원한다고 온다. 아주 가끔은 하늘하늘한 원피스 차림으로도 온다. 청순한 이미지 연출의 최종 보루다.

반면에 카메라 연기 지원자는 풀메이크업에 헤어트리트먼트, 아이라인 그리고 마스카라 하고 속눈썹을 붙인다. 하이힐을 신고 미니스커트 또는 핫팬츠를 입고 온다. 상의는 피트되는 볼륨감 내세우는 스타일이다. 카메라 안에 넣고 보면 렌즈의 색감과 오디션에 온 색감이 잘 맞아떨어진다. 하지만 그 복장 그대로 연극 작품 오디션에 가게 되면 '술집에서 일하니?'라는 오해를 받기 십상이다.

연극 경력 10년이 되어도 카메라 연기 경력이 없다보니 현장에서 필요로 하는 이미지를 몰라서 생기는 상황이다. 카메라 쪽은 아예 연극 무대는 전혀 생각하지 않고 있다가 자기 이미지를 위해 한 번 해보자고 오는 것이다 보니 이 또한 연극 무대에서 찾는 스타일과 차이가 있다.

자, 그럼 위에 두 배우의 오디션 결과는 어떻게 되었을까?
두 배우는 각자의 자리에서 한 명은 연극무대에 그대로, 다른 한 명은 카메라 연기 분야에 그대로 있다. 그렇다면 연극 배우가 카메라 연기를 하려면 어떻게 해야하는가? 다음 챕터에서 함께 살펴보자.

영화배우가 되려면
'이것'을
준비하라!

연극 경력을 쌓고 나중에 카메라 매체 연기 쪽으로 넘어 오겠다는 배우들이 있다. 그런데 나중에 드라마나 영화 오디션에 온 그들을 보면 어쩜 그렇게 연극의 향기를 그대로 간직하고 있는지 신기할 때가 있다. 연극의 색깔이 있고 드라마와 영화의 색깔이 있다. 연극을 오래한 사람을 보면 드라마나 영화에 물들기까지 시간이 오래 걸린다. 어떤 배우들은 드라마와 영화의 색깔을 입히려고 해도 불가능한 사람도 있다.

"아, 진짜 멘붕 오네요. 제가 실은 러시아에서 연극 수업 받고 서울에서도 대학교에서 연극 연기 전공하거든요. 그런데 지금까지 아무도 제게 그런 이야기를 해준 적이 없어요. 연극의 매력에 빠져 있다가 드라마나 영화를 하고 싶어서 나섰는데 다들 그냥 알았다고, 나중에 연락 주겠다고만 하지 뭘 해라, 하지 말라 알려주지 않거든요. 연극을 좋아해서 연극만 했는데 카메라 매체 연기 쪽으로 가려면 제 스타일부터 달라야 한다니, 진짜 생소해요!"

메쏘드 연기이론의 창시자 이름으로 된 러시아 대학에서 전공을 마치고 다시 서울로 와서 모 대학에 합격한 후에 연기전공을 하는 배우를 만났다. 그런데 첫 등장부터 한눈에 알아보기를 '저 사람은 연극 배우구나!' 할 정도로 꾸미고(?) 온 게 아닌가?

헐렁한 바지는 스트레칭 연습용으로 제격이고 헐렁한 티셔츠는 소극장에서 무대 위 리허설 할 때 그 복장 그대로였다. 메이크업은 필요 없는 상태, 연극 공연할 때면 분장을 다시 해야 하니까 평소엔 그냥 비비크림 정도만 바른다. 연극배우들의 일관된(?) 평소 모습이다. 신발은 편한 스니커즈 내지는 단화 아이템이 고작이다. 누가 보더라도 그냥 여대생 느낌이다.

"저의 지금 모습이 연극배우 그냥 그대로라는 거잖아요? 우아, 진짜 멘붕. 그게 다 티가 나네요. 저 진짜 이 모습 그대로 러시아에서도 수업 받으러 다녔고 공연 연습할 때도 그대로였거든요. 카메라 쪽이 배우의 스타일부터 달라야 한다는 건 생각지도 못했어요. 그럼 저 어떻게 해요?"

깜짝 놀라던 그녀의 모습이 떠오른다. 그래서 말했다. 이제부터라도 바꾸어야 한다고. 당신도 마찬가지다. 카메라 매체 연기를 하고 싶다면 프로필 지원, 이미지 미팅, 오디션 연기 테스트, 카메라 테스트, 실제 촬영장에서의 스타일도 미리 알아두고 챙겨야 한다.

우선 모든 일의 시작은 프로필 촬영이다. 이 경우엔 가격만 싸다고 좋은 스튜디오가 아니므로 신중해야 한다. 지나치게 과한 포토샵은 실물 미팅에서 거부감만 들게 만든다. 사진과 다른 배우들이 너무 많으면 신인들이 등용할 무대는 점점 줄어든다.

카메라 매체 연기 쪽 지원할 프로필을 촬영할 스튜디오를 고를 때는 포토그래퍼가 드라마나 영화 쪽 일을 아는 사람인지 살펴야 한다. 일반적인 증명사진이나 가족사진들을 찍던 사람은 절대 모르는 느낌이 있다. 이는 드라마 촬영장 스틸컷이나 영화 현장 사진을 아무 사진가에게나 맡기지 않는 것과 상통한다. 영화를 알아야 하고 드라마를 알아야 하는 사람이어야 한다는 게 철칙이다. 그래서 카메라 쪽 배우의 프로필 사진도 그걸 아는 사람이 찍어야 한다.

가격이 저렴하다고 알려진 한 포토그래퍼는 짧은 시간에 많이 찍고, 포토샵 보정처리는 최소한으로만 해주며 프로필 촬영 당일엔 스튜디오에서 거래하는 헤어메이크업 스타일리스트를 불러서 작업한다. 이때 오는 스타일리스트는 대부분 메이크업이랑 헤어스타일을 동시에 하는 경우가 많은데 일당 15~30만 원 정도 받으며 참여한다. 1일 프로필 촬영 가격이 30만 원~50만 원 정도라면 스타일리스트에겐 15~20만 원, 포토그래퍼에게 15~30만 원선이 가는 정도다. 가격이 저렴하다는 것은 카메라 연기에 대해 아는 전문가 중 저렴하다는 이야기다. 프로필 촬영이 시작되면 스튜디오에 들어서자마자 옷을 고르고 스타일 정하고 포토그래퍼의 요구 혹은 지시에 따라 섹시 포즈, 귀여움 포즈, 진지함, 슬픔, 기쁨, 공포, 4차원 등의 느낌을 그대로 속전속결로 촬영하게 된다. 하지만 이렇게 진행되어 나온 프로필 사진은 실패할 확률이 크다.

또한 카메라 작업은 배우의 '눈빛'이 제일 중요하다.

영화 감독들이나 드라마 연출자들은 프로필 사진을 보면서 배우들의 눈빛을 읽는다. 배우의 감정은 변하지 않은 상태에서 포즈만 바꾸며 사진을 찍는다면 사진 속의 눈빛 역시 변하지 않는 상태인 것이다. 영화감독이나 드라마 연출자들 이걸 놓치지 않는다. 단박에 알아차린다. 이걸 모르는 포토그래퍼나 스타일리스트들은 신인들에게 많은 포즈를 찍도록 요구하고, 신인 배우들은 많은 이미지를 담아냈다고 좋아할 것이다.

반면에 드라마나 영화를 아는 포토그래퍼는 배우의 눈빛을 알아서 챙겨준다. 이들은 신인배우가 프로필을 촬영하러 와도 바로 작업을 시작하지 않는다. 먼저 커피타임을 갖고 1~2시간 충분히 대화를 한다. 배우의 매력을 찾아내고 느낌을 어떻게 전달할지, 조명은 어디서 어디로, 카메라 앵글은 어떻게 어느 부분을 부각시킬지 포토그래퍼가 고민하는 시간을 갖는다. 배우에게 있어서 포토그래퍼에게 마음을 열고 얼굴부터 시작된 긴장을 완화시킬 시간이다.

프로필 촬영은 겉모습이 전부가 아니다. 신인배우이지만 프로필 촬영 카메라 앞에선 포토그래퍼랑 마음이 통해야 한다. 그래야만 카메라가 거북하지 않으며 그 앞에서 자기 마음껏 감정을 드러낼 수 있다. 스튜디오에서 포토그래퍼랑 신인배우가 둘이 작업하는 경우도 많은데 카메라 셔터 소리에 동작을 바꿔가며, 감정선을 드러내 보는 훈련이 절대적으로 필요하다. 그래서 어떤 스타들에게는 모든 촬영에서 자기를 담당하는 포토그래퍼가 따로 있을 정도다. 자신의 매력을 제대로 체크해주고 잘 잡아주는 포토그래퍼가 중요하다는 걸 알기 때문이다.

프로필을 완성했다면 그 다음엔 작품을 지원한다.

이 과정에서는 풀메이크업 한 상태로 여러 감정을 표현한 바스트샷 중심의 사진을 담는다. 전신 사진은 1컷 정도면 된다. 프로필 사진은 5장~8장 이내면 충분하고 얼굴 표정 위주로 담아야 한다.

다양한 포즈는 필요 없다.

연극 작품이나 공연 뮤지컬 무대 연기에서 활동하던 사람들은 이 점에서 혼동하고 실수를 하는 것이 있다. 클로즈업이 많은 카메라 연기는 눈빛이 전부다. 그래서 얼굴 클로즈업 사진과 바스트샷에서 팔과 손동작 정도만 들어가면 된다. 희로애락 감정 표현을 얼굴에 담으면 그걸로 충분하다. 이걸 모르는 배우들은 카메라 연기 작품에 지원하면서도 마치 무대 연기하듯이 불필요한 동작을 넣게 되는데 그런 사진은 심사위원들이 살펴보지 않는다. 눈빛이 안 보이는 사진은 필요 없다.

그 다음에 중요한 건 이미지 미팅이다.

자기가 지원하는 작품 배역이랑 최대한 비슷하게 연출해서 가야 한다. 메이크업 상태가 중요하고 미팅에 들어서면서 처음 눈을 마주칠 때의 감정, 대화할 때의 감정, 대화하는 시간 동안 포즈와 시선 처리, 동작들이 중요하다. 상대방에게 '내가 바로 그 배역'이라는 확신을 줘야 한다.

TV 프로그램과 다른 영화·연극·뮤지컬 무대의 감춰진 이야기

연극이나 공연은 연출자가 어떻게 만드느냐에 따라 관객들이 감상하는 예술이다. 공연 자체를 즐기기 때문에 부득이한 사정이 아니면 공연이 끝날 때까지는 나가지 않는다. 때로는 공연이 끝나고 난 후에 대기실 가서 배우들과 눈도장 찍어야하므로 지루하고 재미없더라도 공연의 마무리를 기다리기도 한다.

하지만 드라마나 영화는 다르다. TV앞에 앉아 있을 만큼 시선을 끌어야 하고, 다른 채널로 돌리지 않을만큼 재미있어야 한다. 시청자가 완전히 몰입이 되어야 한다. 시청자를 몰입시킬 수 있는 연기를 하려면, 그러한 연기를 하기 위해 뽑혀야 한다면 미팅에서부터 제작진에게 확신을 주어야 한다.
시청자가 채널을 돌리지 않을 것이라는 확신을.
이렇게 이미지 미팅을 하고 난 이후부터는 모두 제작진이 알아서할 몫이다. 카메라테스트나 대본리딩, 감정연기 등은 나중 문제다. 연극이나 공연은 모든 대본을 외워서 무대 위에서 한 번에 풀어내야 하는데 비해서 카메라 연기는 100번을 찍더라도 단 한 번 잘 나와야 하기 때문이다. 심지어 A 배우랑 B 배우랑 대화하는 장면을 촬영할 때라도 A 배우랑 B배우가 굳이 한 자리에서 촬영할 필요도 없다.

따로 촬영해서 편집에서 붙여주기만 해도 된다. 시청자랑 관객들은 카메라 앵글만 따라 보기 때문에 가능한 작업이다. 이제 영화배우가 드라마 속 배우가 되려면 어떻게 준비해야하는지 알겠는가?

뮤지컬 배우가
영화, 드라마에
보이지 않는 이유

　　　　앞서 말했듯 무대 연기와 매체(카메라) 연기는 다르다. 뮤지컬 무대도 마찬가지다. 무대 연기는 크게 연극 공연과 뮤지컬 공연이 있다. 오페라, 마당극 등도 있지만 큰 범주로 나눠보자면 무대 위에서 음악과 연기가 있으면 뮤지컬이고, 연기만 할 때는 연극으로 생각해도 좋겠다.

뮤지컬 배우로서 어느 정도 활동을 해 온 사람들은 이해하는 부분이지만 신인들은 잘 모른다. '연기는 다 같은 거 아냐? 요즘에 뮤지컬 무대 캐스팅이 잘 안 되는데, 이번에는 TV 출연을 노려볼까?' 라고 생각하는 것 같다.

연기는 다 같은 연기라고 생각하고, 원래 뮤지컬 배우의 꿈을 잠시 접어두고 인지도를 쌓기 위해 매체 연기가 좋다고 하니 그걸 해야 하겠다고 생각한다.

"나는 키가 작아서 뮤지컬로 잘 되기엔 좀 힘들다고 하더라. 동작이 커야하는데 키가 작아서 그게 힘들데. 뮤지컬 배우가 되고 싶어서 춤도 배우고 연기도 배우고 했는데 정작 내 키 때문에 단점이 된다니 난감했지."

"내가 캐스팅된 뮤지컬에 어떤 아이돌 연예인도 캐스팅이 됐다는데, 5년 동안 경력을 쌓은 나보다도 뮤지컬을 처음 하는 그 아이돌의 출연료가 훨씬 많은 거야! 누군들 그거 할 맛이 나겠어? 노래도 연기도 내가 더 잘하는데 말이야. 그래서 뮤지컬 하다가 이러한 비합리적인 처우에 질려서 카메라 연기 쪽 알아보는 사람들 많아. 뮤지컬 배우 경력 5년이면 카메라 쪽에서도 인정해주겠지?"

과연 그럴까?

뮤지컬에서의 연기와 카메라 연기는 어떻게 다를까? 우선 뮤지컬 무대를 생각해 보자. 커다란 공연장이 있고 무대가 있으며 배우들이 많이 등장한다. 무대 장치 규모도 어마어마하다. 그리고 배우들은 메이크업을 짙게 하고 노래를 부르며 연기를 한다.

관객의 입장으로 그들을 지켜보자. 배우들의 얼굴이 보이는가? 공연장 한 쪽에 있는 커다란 스크린을 통해 비춰지는 배우들의 모습을 말하는 게 아니다. 무대 위에서 연기하는 배우들의 눈빛, 표정 하나하나가 무대 아래에 앉은 당신의 시선에 들어오는가의 문제다. 보이냐고? 물론 보이지 않는다.

그래서 뮤지컬 공연을 준비할 때 제작사에서는 주로 키가 큰 배우, 동작이 크고 노래 부를 때 목청이 큰 배우를 선호한다. 얼굴이 잘생기고 못생기고의 차이는 크게 상관없다. 뮤지컬 연기에서는 큰 동작과 정확한 대사 전달이 중요한 것이다. 그래서 업계에서 말하는

'복식호흡'을 잘하는 배우가 뮤지컬 오디션에서 우대받는다.

그렇다면 카메라 연기는 어떻게 차이가 날까?
영화나 드라마에서 하는 카메라 연기는 제스처가 크고 성량이 풍부한 사람이 우대받는 뮤지컬과 확연히 다르다. 영화나 드라마에서는 카메라에 비춰지는 모습은 대부분 얼굴이다. 그렇기 때문에 얼굴, 특히 눈빛만으로 세세한 감정연기를 제대로 표현해낼 수 있는 사람을 우대한다. 카메라에 비춰진 배우의 입 꼬리 씰룩임이, 혹은 눈꺼풀이 파르르 떨리는 것이 하나의 대사가 되는 게 카메라 연기다.

영화작업을 위해 캐스팅 오디션을 보다보면 배우들의 스타일만 봐도 뮤지컬이나 연극을 했는지 혹은 드라마나 영화를 했던 배우인지 알 수 있다.
뮤지컬 배우들은 무대 연기에선 주로 춤과 노래를 테스트하므로 오디션에서 활동하기 편하게 수수한 옷차림으로 오디션에 참여한다. 하지만 카메라 연기를 하는 배우들은 카메라에 잘 비춰지도록, 드라마나 영화 속 배우의 이미지에 맞춰 자기 스타일을 꾸며서 나온다.
오디션 뿐 만 아니라 실제 뮤지컬이나 연극에선 배우들이 공연장 대기실에서 메이크업을 하고 분장하고 옷을 입지만 드라마나 영화에선 촬영장에 오기 전에 미리 헤어숍에 들려서 메이크업을 하고 헤어스타일과 코디까지 완벽하게 세팅하는 것과 같은 맥락이다.

어떤가? 뮤지컬을 했는데 이제부터라도 드라마나 영화 쪽 연기를
해보고 싶은가?

카메라 연기에서 성공하려면 차이를 이해하고 도전하라.
우선 '눈빛'부터 키워라. 과장된 몸짓과 우렁찬 목소리로 감정을 표
현하는 뮤지컬 배우가 아닌 눈빛으로 표현할 줄 아는 영화배우가
되어야 한다.
그리고 자기 자신만의 이미지를 만들어서 그 이미지에 맞는 배역에
지원하라. 영화나 드라마에서는 뮤지컬 보다 배우에 대한 이미지와
캐릭터 이미지의 일치를 중요시 생각한다. 노래도 잘하고 다양한
연기도 잘하는 뮤지컬 배우가 아닌 자신에게 알맞은 캐릭터를 찾는
것이 중요한 것이다.

단편영화인데
왜 벗으라고만
하죠?

영화 예고편에서 야한 장면이 나오면 사람들의 시선이 쏠린다. 영화에 대한 기대치가 올라가기도 한다. 요즘 관객들의 관심을 끄는 방법 중에 하나이다.

모든 영화에 해당되는 이야기는 아니다. 영화 스토리 흐름상 노출 씬이 분명히 필요한 경우도 있다. 이럴 경우엔 사전에 배우들에게 설명하고 서로 이해를 하고 나서 납득이 되어야 한다. 그게 순리다.

하지만 단편영화의 흐름은 조금 다르다. 단편영화 제작사는 이슈 만들기에 매달린다.

그 이유는 사람들에게 이슈가 되고 주목을 받아야만 장편영화 쪽, 이른바 상업영화 쪽에서 러브콜을 받을 것이라고 착각하기 때문이다. 그래서 단편영화를 보면 대부분 종교문제, 섹스 이야기, 삼강오륜을 깨려는 사람들이 등장한다. 심지어 해외 유수 영화제에서도 영화가 정치적이어야만 하고, 도덕을 깨야만 수상할 수 있는 작품이 된다는 분위기도 있다. 심지어 학생작품을 만드는 사람들마저 자극적인 주제를 늘 선택한다. 학교과제로 단편영화를 찍으면서도 심오한 주제에, 메시지 전달에 집착하고, 여배우를 벗기고, 폭력적인 장면도 서슴지 않는다. 마치 이래야만 단편영화라고 학원에 다닌 사람들처럼 기획안이나 구성방식이나 내용이 엇비슷하다.

"단편영화 오디션에 지원했는데요, 노출을 해야 한다고 해서 포기했어요."
"여배우를 모집하면서 노출씬이 있다고 하면서 노출협의는 없다고 못 박는 영화도 있어요. 그렇게 자신 있고 좋은 영화라면 감독의 여동생이나 여자 조카 시키지 왜 남의 집 귀한 딸 데려다가 옷 벗겨서 영화 찍으려는지 모르겠어요. 그런거 솔직히 제작사가 돈 벌려고 하는 거 아닌가요? 남의 딸 데려다가 옷 벗겨서 돈 벌려고요? 그게 무슨 유명한 감독이에요?"

장편영화에서 갈수록 자극적인 이미지를 사용하다 보니 요즘 단편영화에서는 툭하면 노출을 요구한다. 노출이 없이는 영화를 못찍는 것일까?
어떻게 하든 돈을 벌어야 하고 이름을 날려야 하는 절박한 심정에서 나오는 노림수일 수 있다. 하지만 위에서 이야기를 나눈 여배우처럼 감독 자신의 여동생이나 친척에게도 옷을 벗겨서 촬영을 한다고 한다면 기분이 좋을까?

하지만 자기 개인의 욕심 때문에 순수한 배우들과 스태프들을 모아두고 과도하게 노출이 심한, 혹은 삼강오륜을 깨는 비도덕적인 영화를 만들고 싶은지 의아하다. 감독이 나이가 들어 자신의 손주들에게 영화 감독이었다고 자랑할 때, 무슨 영화를 찍었냐는 질문에 무엇이라고 답할 것인가? 손주들에게 어른을 공경하라는 말을 하던 자신의 혀가 부끄러워 질지도 모르는 일이다.

배우들도 마찬가지다.

단편영화에 출연해서 노출연기라도 감행해서 이름을 날리기 원하는 경우가 있다. 세상의 주목을 받고 싶고 레드카펫 위에서 보디가드의 보호를 받으며 걷고 싶을 수 있다. 목적은 분명하지만 그 수단이 올바르지 않는 경우다.

돈을 받으며 옷을 벗는 스트리퍼와 배우는 다르다. 하지만 몇몇 배우들을 보면 자기의 욕심 때문에 노출연기를 하는 것과 길거리에서 돈을 받고 그러는 사람들이랑 뭐가 다를까라는 생각이 든다. 배우들부터 자극적인 소재를 위해 무조건 노출연기를 하겠다는 마음을 고쳐야 한다. 배우가 없으면 영화 감독들이 노출씬을 찍고 싶어도 찍지 못한다.

방송 일 없으면
오는 곳이
연극판이니?

카메라 연기 쪽이 워낙 좁은 인맥 안에서 돌아가다 보니 대다수 남는(?) 배우들은 연기감 떨어질까 연극무대로 시선을 돌린다. 카메라 분야 연기자들이 연기감 걱정해서 단편영화 하듯이 연극배우들은 알음으로 무대를 찾아 선후배들이 만들어가는 무대가 많다. 여기에 지방자치단체에서 주최하는 공연, 연극 무대가 추가되면서 극단 이름으로 진행되는 무대도 많다.

사실 배우들이 설 수 있는 무대는 많지 않고 점점 줄어드는데 비해 매년 연기자를 꿈꾸는 사람들은 늘어난다.

각급 고등학교, 대학교를 넘어 연기레슨을 가르치는 학원들도 많고 연기자들이 모여 스터디그룹으로 운영되는 팀도 많다. 이 모든 인력들이 언제 찾아올지 모르는 드라마나 영화, 연극과 뮤지컬 캐스팅 기회만을 기다리며 꿈을 향해 앞으로 달려가는 중이다.

가령, 기획사에 들어가거나 개인적으로 오디션을 찾아다니는 현업에서 1~2년은 작품 기다리느라 지나가는 시간인데 그 시간이면 대학에서 풋풋한 신인들이 엄청 쏟아진다. 기존에 배출된 연기자들도 받아줄 수 있는 무대가 적은데 거기에 또 새로운 사람들이 추가되는 상황이다. 게다가 기존의 무대는 그 수를 늘려가는 게 아니라 점점 줄어두는 형국이다 보니 캐스팅을 둘러싼 경쟁이 해가 갈수록 치열해진다.

웨딩 보조요원, 행사 진행자, 돌잔치 사회자, 결혼식 진행자, 카페점 아르바이트, 식당 서빙 아르바이트, 패스트푸드점 아르바이트, 화물택배 상하차 직원, 이삿짐센터 직원, 학생 연기지도, 아카데미 강사 등의 직업은 배우들에게 익숙한 아르바이트 직종들이다.

배우가 되어 서야할 무대가 적다보니 오디션에 지원하는 사이 시간에는 돈을 벌기 위해 생업에 나서는 것인데, 일을 하다가도 오디션에서 미팅이 잡혔다 하면 그 날은 아르바이트를 쉬고 미팅을 가는 식이다. 애초에 아르바이트 면접을 할 때 배우지망생이라고 밝히는 경우가 많아서 미리 얘기만 한다면 오디션 보러갈 시간은 자유롭게 활용할 수 있는 사람들이 많다.

"아르바이트를 하다가도 오디션 연락이 오면 미리 얘기해서 그 날은 빼고 가요. 그런데 반드시 합격되리란 법도 없고 그렇게 오디션 보다가 아르바이트 일 하다가 생활하다보면 간혹 배우의 꿈이 아니라 아르바이트가 우선되는 일도 생겨요. 꿈을 위해 도전하러 가야 하는데 돈을 벌러 아르바이트를 해야 하는 묘한 상황이죠. 하지만 어떻게 하겠어요? 대학생 시절까진 집에 손을 벌렸다고는 해도 이제 나이가 23살, 25살 막 그렇게 늘어 가는데 손 내미는 게 창피하죠. 내가 배우가 되고 싶어서 이 길을 걸었지만 배우가 안 되었다

TV 프로그램과 다른 영화·연극·뮤지컬 무대의 감춰진 이야기

면 무슨 일을 했을까 생각하기도 했어요. 학교 교수들이나 입시학원, 아카데미 같은 곳에선 상담을 해도 무조건 자기네 출신 스타가 누구인지, 드라마 오디션이랑 영화 오디션이 언제 있는지만 알려주고 스타가 되면 얼마를 번다고만 말하지 이 길이 어렵고 힘들다고는 절대 말 안 해주거든요. 대학 교수들도 학교생활만 열심히 하라고 하지 실제 현장 이야기는 안 해줘요. 차라리 교수들이라도 학생들에게 진실되게 현실을 얘기해줬으면 학교 다닐 때 다른 공부하면서 자격증이라도 땄을 텐데 말이죠."

서울에서 부모님과 생활하는 사람들은 그나마 사정이 낫다.
지방에서 연기 관련 학과를 전공하고 가수가 되고 배우가 되려고 서울로 올라온 사람들은 시간이 흐를수록 버틸 힘을 잃는다고 입을 모은다. 서울에서 자취생활을 하는 사람들에게 치솟는 방세는 가장 큰 문제다. 처음엔 서울 시내에 오피스텔을 얻거나 강남 인근 지역에 보증금을 높게 주더라도 원룸을 얻지만 시간이 흐르면서 생활비가 줄어들면서 보증금을 빼서 생활비로 쓰고 나머지 돈으로 서울 인근 지역 값이 싼 원룸을 찾아 이동한다. 서울 외곽 지역이나 인천, 안산, 부천, 부평, 일산, 수원 등으로 이사한다. 그렇게 또 몇 년이 흐르면 보증금마저 사라지게 되고 그때까지 제대로 된 위치를 확보하지 못하면 고향으로 돌아가는 사람들도 많다.

"하지만 정말 힘든 건 돈이 아니에요. 연기를 하고 싶은데 작품이 없다는 거예요. 그동안 배워온 연기도 잊어버릴 것만 같고 그래서 아무 일이나 하자 여기고 재능기부를 하는 친구들도 많아요. 돈을 안 받고 작품에 캐스팅 되어서 무료로 연기한다는 식이에요. 어떤 친구는 오디션을 보러 다니는 그 자체가 너무 행복하대요. 그나마 자기가 그 짧은 시간이라도 연기를 할 수 있다는 얘기죠. 심사위원들 앞에 서서 오디션을 본다는 것 자체가 왠지 배우가 되었다는 느낌도 나고 그렇다고 해요. 사실 저도 그 친구가 조금은 부럽기도 해요. 어느 달은 오디션 한 번 못하고 그냥 아르바이트만 하다가 지나가 버린 시기도 있으니까요."

카메라 연기는 실제 제작되는 드라마나 영화 작품이 워낙 적어서 오디션도 힘들 텐데, 무대 연기 쪽인 연극 오디션에 지원하라는 얘기를 해주면 손사래부터 치는 그들이다.

"연극이요? 거긴 뭐 사람들 없나요? 이미 앞에 선배들도 다 가 있고 후배들도 먼저 가 있는 애들도 많아요. 카메라 쪽 연기를 해야만 이미지도 살리고 얼굴도 빨리 알릴 수 있다는 걸 알죠. 하지만 기회가 오지 않잖아요? 다들 돈이나 인맥으로 밀어 붙이는데 그래도 한계가 있어요. 그래서 연극으로 가보려고 하면 거기에 이미 다 가 있는 거예요. 어떤 극단 연출가님은 그러시던데요?"

연극이 무슨 카메라 일 없는 사람들 연기감 살리려고 오는 데냐고 그러더란다.

대학로 연극판으로 일컬어지는 한국의 연극 분야에서 기존의 선배들과 선생님들이 최근의 세태에 대해 지적하는 이야기들이다. 아무래도 당분간 큰 변화는 없을 게 분명하다. 연극 무대가 더 많아지고 재미있다는 소문이 나면서 관객이 많아져야 한다. 그래야만 사람들이 카메라 연기와 무대 연기를 우위 구분하지 않고 오히려 순수예술 연극에 더 많은 애정을 쏟을 것이니까.

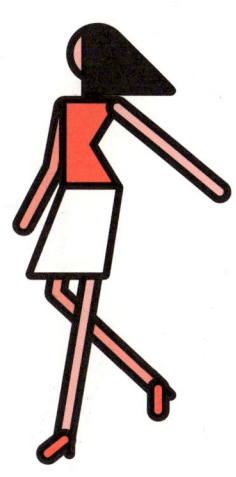

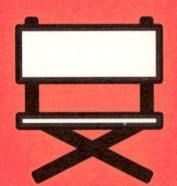

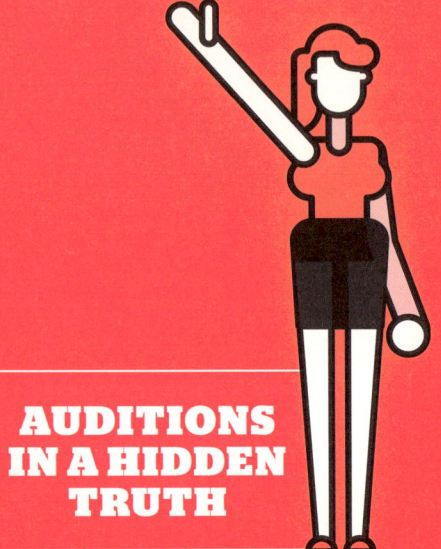

**AUDITIONS
IN A HIDDEN
TRUTH**

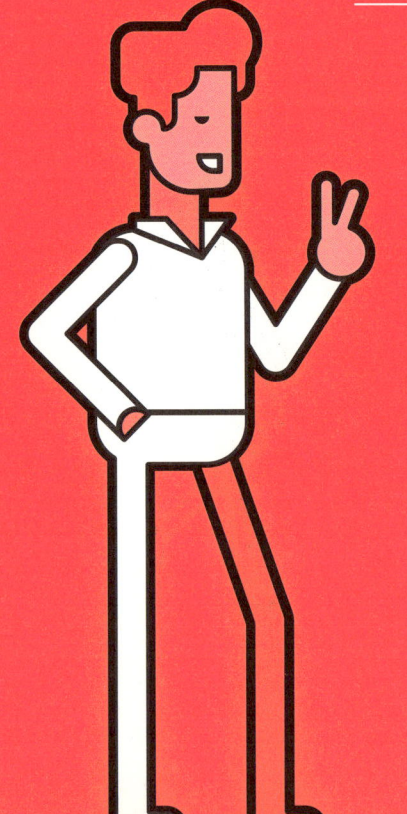

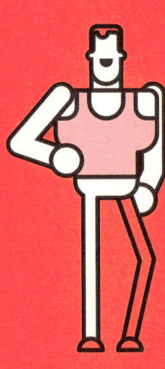

오디션 합격,
새로운 시작이라는
불편한 진실

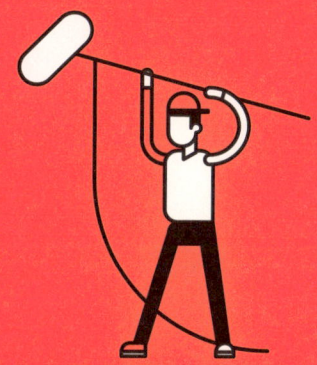

● # 이제
새로운
시작인가?

"오디션 합격입니다. 축하합니다!' 라는 말까진 좋았죠.
저도 곧 스타가 될 줄 알았거든요. 드디어 영화에 출연하는구나! 나
도 여자주인공이 되는구나! 가족에게 다 말하고 자랑하고 했어요.
감독도 유명한 사람이었거든요. 그 감독 믿고 감독 다닌다는 교회
에도 5개월인가 따라 다녔어요. 그런데 갑자기 영화가 제작이 무기
한 연기되었다고 하더라구요. 그때 세상이 무너지는 기분이었어요.
그런데 감독이나 스태프들은 담담해하더라구요. 이런 일이 한두 번
이 아니었나봐요."

오디션에 합격하고도 그게 전부가 아니란 것을 아는 데까지 오래
걸리지 않는다.
정말 오랜만에 또 기쁘게 오디션에 합격했는데 정작 촬영하기도 전
에 준비하던 영화가 엎어지고 영화제작이 무산된다는 현장 은어, 영화촬영을
시작했다고 하더라도 중간에 제작비가 없다며 팀 자체를 해산하는
경우도 겪는다. 오디션에 합격해서 스태프들과 MT, 워크숍도 다녀
왔지만 그게 다 소용 없는 짓이 된다. 그나마 촬영을 한 건 다행이

다. 영화제작 준비만 수년 째 기다리다가 나이만 들었다는 배우들도 많다.

"영화제작사 사장이 무슨 무역회사를 한데요. 그런데 아직 돈이 안 들어와서 그러니까 기다리라고 하는 거예요. 그러기를 2년째에요. 차라리 다른 영화 오디션이라도 보게 해주고 하면 좋은데, 섣불리 말 꺼냈다가 지금 영화에서 빠지게 되기라도 하면 더 큰 문제잖아요? 그냥 잠자코 '네네. 잘 될 거예요. 파이팅.' 말하면서 기다렸는데, 제 나이가 벌써 25살이네요."

개봉을 기다리는 영화도 사정이 나은 게 아니다.

영화가 촬영되고 편집까지 다 끝난 후에 극장 개봉만 기다리는데 갑자기 극장 개봉이 차일피일 연기되더니 그냥 사라지는 작품도 있다. 촬영은 했는데 개봉이 안 되는 영화도 많은 것이다.

신인들이 출연하는 작은 영화만 말하는 게 아니다. 인기 있고 인지도 높은 배우가 출연한 영화라도 소리 소문 없이 사라지는 경우가 많다. 배우로서 황당한 것도 있지만, 스태프들은 더 난감한 상황에 빠진다. 기껏 촬영을 하고 조명을 담당하고 밥차를 제공했는데 영화제작사에 돈이 없다며 대표가 사라진다, 그동안 지출한 인건비, 식재료 값, 주차비 등은 한 푼도 못 받는다.

스태프들은 여건상 한 작품에 투입되면 다른 작품은 할 수가 없다. 배우들은 스케줄을 조정하며 여러 작품을 동시에 할 수 있지만 스태프들은 오직 한 작품이다. 그래서 작품이 중간에 엎어지고 돈을 못 받는 경우엔 생계 곤란 상황까지 생긴다.

가수는 어떨까?

"단돈 몇 만 원이라도 받는 지방 행사 일 있으면 그거라도 달라고 했어요. 매일 노래 연습만 하는 것도 그래요. 밥은 주는데 밥만 먹고 어떻게 살아요? 저도 개인 생활을 해야 할 텐데 돈이 없으니까 진짜 막막하죠. 그랬더니 넌 우리 회사 보물이고 A급인데 함부로 이미지 소비할 수 없다며 기다리라고 하더라고요. 그 말이 더 미치죠."

오디션에 합격 그리고 기획사까지 일사천리로 계약했다. 그런데 현실은 연습생 된 게 전부다. 데뷔는 언제 할지도 모르고 못 할 수도 있다는 걱정도 생긴다. 저절로 다이어트가 된다. 걱정거리에 잠을 못 자고 식욕을 잃어서다. 기획사에서는 매일 나와서 노래연습, 댄스연습을 하라고 한다. 그렇게 시간이 흘러 몇 년째지만 여전히 데뷔는 감감무소식이다. 앨범은 언제 만드는지, 음악을 할 수 있는지 아무 것도 모른다.

"제가 오죽했으면 미인대회에 나갔겠어요? 그렇게라도 인지도 높이는데 도움될까 싶었죠." 가수나 배우로서 인지도를 높이는데 도움될까 해서 미인대회에 참가하든가 다른 오디션이나 대회에 출전해보기도 한다. 운 좋게 수상하고 각종 대회에서 이름도 소개될 수 있다. 그런데 이것도 거기까지다.

나머지는 자기가 또 새로 시작해야 한다. 무슨 오디션에 합격한 사람, 무슨 대회에 수상한 사람이라는 수식어만 하나 더 붙는다. 다른 건 아무 것도 없다. 그 사람에게 도대체 무슨 일이 생긴 걸까?

오디션 합격, 새로운 시작이라는 불편한 진실

그토록 원하던 오디션에 합격했는데 왜 아무 일도 생기지 않는 걸까? 오디션 다음에 또 해야 할 무슨 대회가 있는 걸까? 누가 속 시원히 말해주지도 않는다. 기획사에 물어보면 그저 기다리라고만 한다. 노력 중이니까 곧 좋은 소식이 있을 거란 얘기만 해준다.

누가 그걸 모르는가? 그러다가 벌써 3년이 흘렀으니 그래서 문제다. 오디션 합격, 그 다음 이야기를 알아두자.

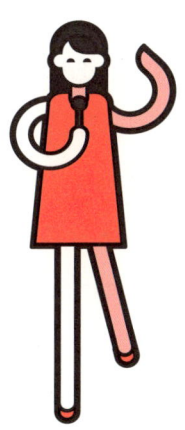

실시간 검색어에
내 이름이
나왔으면!

보통 신인들의 1차 목표는 포털사이트에서 자기 이름이 검색되는 일이다. 검색어에 뜨는 것이 인지도와 연결되기 때문이다. 친구들이나 대학 동기들은 하나둘 데뷔하고, 영화나 드라마에서 경력을 쌓는 걸 보면 더 애간장이 탄다. 나보다 못한 것 같은 친구는 인터넷에 이름이 나오는데 나는 왜 안 나오는지 고민한다.

기획사를 들어가거나 연극, 드라마나 영화 중에 하나는 해야 하는데 아무 것도 못하고 있어서 그런가 보다 하며 스트레스를 받는다. 인터넷에 자기 이름이 검색되어야 하는 또 다른 이유는 오디션에 지원했을 때 자기 이미지에 홍보가 되는 점이다. 프로필에 '경력 없음' 이라고 쓰는 것보다 '배우 아무개' 라고 인터넷 검색 페이지 링크를 걸어두면 훨씬 뭔가 있어 보인다고 여긴다. 기획사에 들어가는 이유가 자기 이름 인터넷에 검색되게 하려고 한다는 신인들도 있다고 한다. 막상 인터넷에 뜨는건 아무 것도 아닌데, 그것도 못하고 있으니까 부럽기만 하다.

내 이름을 인터넷에 나오게 하려면 어떻게 해야 할까?

그냥 무작정 인터넷에 자기 이름이 나오게 하려면 그 방법은 간단하다. 포털사이트의 인물검색이 있다. 하지만 인물검색을 통해 내 이름이 뜨는 그런 구시대적 방법을 생각한다면 그 생각은 버리는 편이 낫다.

사실 대단한 사람만 검색되는 것이 아니다. 연예계 현장에서는 처음 들어보는 이름인데 인터넷 검색어에 뜬다. SNS 열풍을 타고 SNS 스타를 넘어 인터넷 스타가 되는 페이스북, 인스타그램, 유튜브의 활동유저들이다. 또한 인터넷 개인방송에서 활동하는 인터넷 BJ들 또한 인터넷 검색어에 수시로 오르곤 한다. 인터넷 방송을 통해서 동시 시청자수가 수만명이 넘는다는데, 웬만한 연예인 부럽지 않은 인기이다.

결론부터 말하자면 인터넷에서 검색되려면 인터넷에서 먼저 인지도를 쌓으라는 이야기다. 영화, 드라마, 연극을 통해 데뷔해서 활동하고 그 인지도를 인터넷에서 확인하는 것이 아니라 인터넷에서 쌓은 인지도로 인터넷에서 확인하라는 이야기다.

인터넷이 국내에 들어온 건 1995년경이다. PC통신부터 시작했다. D포털이나 N포털 등 포털사이트가 등장하고 인물검색 서비스가 시작된 건 2000년대 이후의 일이다. 그래서 2000년대 이후에 인물검색을 통해서 검색되고 실시간 검색어에 내 이름이 뜨는 것이 중요한 인기의 척도로 여긴 것이다.

하지만 시대는 변화한다. 그 다음은 뭘까? 페이스북과 인스타그램,

아프리카TV, 유튜브 등의 SNS 서비스가 인기를 얻으며 SNS 시대가 도래하였다. 친구를 맺고 '좋아요'를 누르면서 생겨난 최신의 트렌드는 '남들이 모르고 우리끼리 아는 지식, 사실, 이야기'를 더 가치 있게 여긴다는 점이다. 포털사이트에 검색되는 게 중요한 게 아니라 SNS에서 친구들 사이에 아느냐 모르느냐가 더 중요해진 것이다. 누군가 물어볼 수 있다.

"SNS에서 활동만 하면 인지도가 올라가나요? 자동으로 제 이름이 검색어에 오르는건가요?"

곧바로 인기인이 될 수는 없겠지만 차츰 늘려가다 보면 인지도가 쌓일 것이다. 유명해지는 것은 본인이 노력하지 않아도 된다. 자신에게 '좋아요'를 눌러주는 SNS 친구들이 있다면, 당신의 팬덤이 확보된다면 그 다음의 일은 SNS의 친구들이 해준다.

그리고 요즘 오디션에서 인물검색이 되느냐 안 되느냐는 합격 요인도 아니다. 오히려 SNS에서 팔로워 수가 몇 명인지를 더 중요하게 여긴다. 페이스북과 인스타그램, 유튜브 구독자 수, 카카오스토리 친구 수가 더 중요한 것이다. 영화 오디션이나 가수 오디션도 마찬가지다. 신인인데도 본격 데뷔하기도 전에 SNS 친구 수가 수만 명을 넘는다면 오디션 합격의 가능성은 더 높아진다. 2000년대의 산물인 인물검색이 주는 그럴 듯한 이미지에 빠지지 말아야 한다.

CHAPTER 07
AUDITIONS STORY 03

합격 후,
현장 오디션을
통과하라!

오디션 합격하면 모든 것이 다 마음대로 될 줄 알겠지만, 모 오디션 수상자 출신이라는 건 아무런 효과가 없다. 정작 중요한 건 합격 그 다음이다. 가수는 무대에서 스태프들에게 어떤 이미지를 심어주느냐가 중요하고, 배우는 촬영장에서 스태프들과 어떤 관계를 유지하느냐가 더 중요하다. 수많은 스타들과 일해 온 스태프들은 어떤 신인이 오디션에서 수상했다는 사실에 눈 하나 깜짝하지 않는다. 새로운 신인이 등장했다고 해서 기대하며 박수 치고 환호하는 사람들이 아니다.

"오디션에 붙고 기획사 계약하고 현장에 갔지. 나는 뭐 이제 현장에만 가면 스태프들이 난리가 나겠구나! 스타 왔다고 싸인 요구하고 그러겠지? 별의별 생각을 다 했어. 하지만 아무 일도 없었지. 내가 촬영장에 도착했는데 누구 하나 눈길 한 번 주는 사람이 없는 거야. 다들 자기 일만 하고."

– 오디션 프로그램 출신 신인연기자 G씨–

매니저가 바빠져야 할 시간이다. 매니저는 자신이 관리하는 연예인을 위해서 스태프들에게 잘해야 한다. 음료수를 주고 먼저 인사를 하며 친해져야 한다. 신인도 매니저에게 맡기는 것이 아니라 스스로 촬영 현장에 최소한 1시간 전에 가서 대기하는 게 좋다. 일부 고참 연기자나 가수들은 2시간 전에 현장에 와서 기다리는 경우도 많다. 만약 제작진보다도 먼저 와서 현장에서 대기하는 배우가 있다면? 그것도 그 사람이 신인이 아니라 고참 스타급 연기자라면? 많은 인기에도 솔선수범하고 근면하다면 그 사람을 좋아하지 않을래야 않을 수가 없다.

이처럼 신인에겐 이른바 현장오디션을 잘 봐야 한다.
현장에 스태프들은 아주 오래 전부터 톱스타들과 일하기도 하고 유명 감독과 일하기도 하면서 많은 경험을 가진 이들이다. 반짝 스타처럼 나타났다가 사라지는 경우도 많이 본 사람들이며, 오래도록 스타의 위치에서 활동하는 사람들도 본 그들이기에 말은 안하지만 현장에서 스타들이 움직이는 모습 일거수일투족을 다 알고 있다.

촬영이 중간중간에 혹은 촬영이 끝나면 그들 만이 있는 자리에서 언제든 스타들 이야기를 꺼낸다. '새로 나온 신인이 어떻더라, 연기 보니까 잘 할 거 같더라, 못하더라, 거기 매니저가 또 바뀌었더라, 그전 매니저는 이렇던데 새로 온 매니저는 어떻다고 하더라' 라는 내용의 이야기를 한다.
인기가 정상에 오른 한 연예인이 현장 스태프들에게 식사를 돌리

오디션 합격, 새로운 시작이라는 불편한 진실

고, 추운 날씨엔 점퍼를 선물했다는 기사를 보았을 것이다. 이 소식을 들으면 보통 그 연예인이 마음도 따뜻하다고 느끼겠지만 현장 스태프들은 다르게 생각한다. '그 스타가 현장에서는 스태프들에게 잘 하는가? 혹시 뭐라도 꼬투리 잡혀서 그거 무마하려고 선물을 돌리는 거 아닌가?' 라고 생각한다. 스태프가 심사위원이 되는 현장 오디션의 일부인 것이다.

스태프들에게 인정받는 것이 무엇이 중요할까?
현장오디션을 통해 살아남은 신인이나 스타들은 스태프들이 다른 작품 촬영에 갔을 때 기억하고 연락해준다.

스태프들은 배우들보다 더 많은 현장에서 일을 하는데 가끔 그 작품의 연출이나 감독들이 배우 그리고 가수를 필요로 할 때 스태프들이 연락해준다. 감독이나 연출이 미처 생각지 못한 신인이 있는 경우 적극 추천해준다. 또는 감독이나 연출이 연락해서 미팅하고 싶은, 혹은 초대하고 싶은 스타가 있는데 연락처를 모르는 경우 좋은 관계를 유지한 스태프들은 그들의 매니저 연락처를 알려주기도 한다.

또한 현장오디션은 분야를 가리지 않는다. 드라마 현장 스태프라고 해서 영화 현장에 안 가는 게 아니다. 가수 공연장에 안 가는 게 아니다. 광고 촬영장에 안 가는 게 아니다. 배우가 드라마를 하고 영화를 찍고 광고를 찍듯이 스태프들도 모든 곳을 다닌다. 스태프들이 배우들이나 가수들보다도 더 많은 현장을 다니게 된다. 스태프들과 친해두면 배우나 가수는 자기 편을 많이 확보하는 것과 같다. 내 편인 스태프들이 다른 분야의 현장에서도 내 이름을 불러준다.

"오디션 심사위원들에게 잘 보이면 모든 게 잘 된건줄로만 알았지."

- 여자 연기자 H씨-

단, 조심해야할 점이 있다. 스태프들과의 사이는 너무 친밀해서도, 너무 멀어서도 안 된다. 이 거리를 유지하는 게 중요하다. 스태프들과 너무 친하게 되면 감독이나 연출자와 거리가 생긴다.

생각해 보자. 현장에서 인력들을 통제하고 작품 제작 지휘를 해야 하는 사람은 감독이랑 연출자들이다. 이들이 능수능란하게 현장을 지휘해야만 제작이 잘 돌아가고 스케줄대로 진행된다. 그래서 현장에선 감독과 연출자의 말에 권위가 있다.

그런데 스태프들과 배우랑 가수가 친해버리면 감독이나 연출자의 말에 권위가 떨어지게 된다. 현장에서 어떤 지시를 해도 배우나 가수에게 직접 스태프들이 말하면서 이렇게 해줄게 저렇게 해줄게 말하거나, 감독이나 연출자들이 현장을 모르니까 일할 맛 안 난다 등의 식으로 불평을 하게 된다.

이 경우에 배우나 가수들이 감독이나 연출자보다 스태프들과 친한 경우라면 스태프들의 불평을 제작진에게 전달해주고 그들의 불평을 해소해주려는 노력을 하게 될 수도 있다. 물론 제작진에서 귀담아 들어야 할 일들도 있다. 원활한 일정 진행을 위해 감독과 연출자랑 스태프들이 일사분란하게 움직이는 게 나쁘다는 건 아니다. 비합리적인 업무 내용은 이야기할 수도 있다. 하지만 감독이나 연출자가 스태프들의 불평을 모르는 상황이 아니라면 애기가 달라진다. 배우나 가수가 감독이랑 연출자에게 스태프들을 대변해서 요구를 한다? '자꾸 그럴 바엔 스태프 하지 뭐 하러 가수를 해?' 이런 말이 나오면서 그 즉시 감독과 연출자의 눈 밖에 난다. 잘 생각해야 한다.

드라마랑 영화를 캐스팅해주는 건 감독이나 연출자다. 공연 무대를 주고 음악방송 출연을 제안하는 건 감독이랑 연출자다. 그런데 스태프랑 친하다고 해서 그들의 입장을 대변하게 되면 그 순간 작품 수가 줄어들고 무대 제안이 줄어든다. 가수로서, 배우로서 할 말이 있고 안 할 말이 있다는 걸 알아야 한다는 얘기다. 할 말과 못 할 말의 경계를 알고 현장에서 적절하게 행동하는 노하우는 하루아침에 길러지는 게 아니다. 매니저들이 능숙하게 리드하거나 기획사에서 미리 교육을 받아야 한다.

● # 상업영화에서
경력을 쌓아도 인기 스타가
되는 게 아니다

신인들의 프로필을 받아보면 영화나 공연에 출연했다는 기록들을 많이 본다. 그런데 언뜻언뜻 눈에 익은 영화도 있고 공연도 있지만 대부분 모르는 것들뿐이다. 신인들이 자기 프로필에 넣는 경력사항들 중에는 단편영화에 출연했던 경력이 10여 가지가 넘고 광고는 또 얼마나 많이 찍었는지 지면광고, 웨딩광고, 인터넷 바이럴입소문광고, 인터넷 동영상광고를 가리지 않고 십여 가지가 넘는다. 학생 때 과제로 찍었던 영화들도 버젓이 경력으로 넣는다. 무조건 경력이 많다고 해야 심사하는 사람들이 잘 봐줄 것이란 착각을 한다.

"나는 중고등학교 때 청소년연극제인가? 거기서 상 받은 것부터 막 넣었지. 이런 걸 적어도 심사하는 사람들이 알까? 뭐, 솔직히 그런 생각도 했지만 그래도 경력이 없는 것보다는 많은 게 낫다고 생각해서 그랬어. 대학 다닐 때 했던 학교작품도 넣었고 그건 유명한 제목을 붙인 것만."

– 아역배우 출신 연기자 I씨 –

"나처럼 모델을 할 경우엔 배우나 가수들과는 또 달라. 패션위크나 어느 디자이너 패션쇼에 섰느냐가 제일 중요해. 이탈리아나 뉴욕, 프랑스에서 워킹을 했는지 안 했는지도 중요해. 그런데 그런 경력이 없으면 동대문이다 뭐다 전통시장 쇼, 뭐 가리지 않고 막 다 넣지. 모델은 캣워크에서 워킹이 제일 중요한데 경력이 많을수록 스타일을 표현해내는 방법을 안다고 여기거든. 나중에? 나이 들고 모델 안 하게 되면 배우 하려고. 우리들이 로망으로 바라보는 모델 출신 배우들이 계시잖아? 워낙 우리들도 주목받는 거 좋아하고 그래서 평범한 직업은 갖기 힘들어."

– 모델 출신 연기자 J씨 –

"가수들은 사실 뭐 경력이 중요하진 않아. 행사 다니는데 기준이 되는 건 방송을 탔느냐 아니냐 이거거든. 지방행사 공연이 아무리 많아도 TV방송 한 번 나온 것만 못해. 방송을 탄 사람들은 출연료도 확 뛰고 그렇지 않으면 항상 일정 수준이야."

– 가수 K씨 –

"성악하면 괜찮겠다고요? 글쎄요. 성악 하는 남자나 여자는 지휘자에게 잘 보여야 해요. 오페라 무대도 그렇고 지휘자들이 캐스팅 권한을 쥐고 있거든요. 연예계에서 생기는 그런 이상한 소문들도 성악 분야에 없는 건 아니에요. 거기나 여기나 다 똑같이 사람 사는 곳이잖아요?"

– 성악가 출신 가수 L씨 –

어느 분야나 마찬가지다. 가수, 연기자, 모델, 성악도 그렇다.

경력이 많다고 좋기만 한 건 아니다. 신인이 스타급 위치에 올라가는데 제일 중요한 것은 앞서 말한 자신의 눈빛에서 보이는 '끼'와 자기만의 고유한 이미지를 어떻게 활용하느냐다.

이제 상업영화 출연만으로 인기 스타가 될 수 없는지 이야기 해보겠다. 먼저 생각해보자. 여기 유명한 인기 감독이 있다. 새로운 작품을 만들게 되었는데 누굴 뽑을까? 티켓파워를 생각해야 하니 주연 자리는 톱스타에게 줘야 한다. 그래야만 투자도 잘 들어오고 중간에 실무를 담당하는 사람들도 위에서 욕을 안 먹는다. 주연 자리에 대뜸 신인을 쓰거나 자기 마음에 드는 사람을 써버리면 당장 투자자로부터, 스태프들로부터 의심의 눈초리를 받는다. 2000년대를 넘어오면서 헐리웃키드들이 미국에서 영화제작방식을 배워오고 대기업 자본이 영화계로 들어오면서 달라졌다. 이제는 철저하게 상업적 논리로 뒷받침해야만 투자가 들어오고 스태프들도 이해한다.

"상업영화에 오디션을 봤는데 나중에 배역을 정해주는 걸 보니 기생역할 인거야. 단역이지. 그런데 그 역할을 할까 말까 고민할 겨를도 없었어. 대사 한 마디가 있는 게 얼마나 다행인데? 나중에 프로필 적을 때 상업영화 해본 거랑 안 해본거랑 다를 거라고 생각하거든. 상업영화에 단역이라도 한 번 해본 사람은 다른 상업영화에도 불러주지 않을까? 그런 생각 때문에 기생역할이라도 했어."

- 섹시 이미지 여자 연기자 M씨-

오디션 합격, 새로운 시작이라는 불편한 진실

기생역할을 하면서 다른 상업영화에서 그녀를 불러줬다. 하지만 이미지라는 것은 무서웠다.

다른 영화에서도 기생역할로 제안이 들어왔다. 그 이후로 배역이 들어올 때마다 술집 여자 역할, 호스티스 역할 등이 줄줄이 이어졌다. 일부 영화에서는 달라졌다고 해도 궁녀 역할, 첩 역할이 들어왔다. 상업영화일지라도 첫 시작을 기생역할로 했더니 역사영화, SF영화, 현대물 할 것 없이 맡은 배역의 직업 이름만 다를 뿐 '기생' 역할이 전부였다. 그 이미지에서 벗어나지 못한 것이다.

"이러다간 진짜 내가 무슨 기생 전문배우로 나갈 것 같더라. 나 뭐가 잘못된 거야?" 기생 역할이라고 적었던 신인 프로필이 잘못이었다. 그것이 무슨 잘못일까?

사실 신인들은 알지 못할뿐더러 기성 스타들도 잘 모르는 사실이 하나 있다. 상업영화나 연극, 가수 공연분야나 뮤지컬 분야의 모든 대중예술문화 분야에서는 끼가 넘치는 사람들이 많다. 하지만 배우나 가수들만이 '끼가 넘치는 사람들'이 아니라 제작자인 감독, PD들 그리고 스태프들도 끼가 넘치는 사람들이라는 점이다. 그리고 끼가 넘치는 사람들의 공통된 특징은 '자존심이 무척 세다'는 부분이다. 이 점을 많은 사람들이 모르고 있다.

감독은 자기가 만든 스타를 원한다. 누가 만들어둔 스타를 데려다가 쓰는 걸 그다지 좋아하는 게 아니다. 감독은 자존심이 센 사람인데 감독이 유난히 약해지는 순간이 있다. 투자자 앞에서다. 돈을 쥔 투자자 앞에선 제 아무리 유명한 감독이라고 해도 자존심을 어느 정도 죽인다. 좋아하는 영화를 계속 하려면 감독으로서도 어쩔 수 없다. 그렇다고 해서 감독이 기업 만들어서 사업하고 그 수익으로 영화에 투자할 수 있는 게 아니다. 감독은 투자자 앞에서 죽인 자존심을 배우들을 통해 내세우려고 한다.

톱스타들에게 내세울 순 없다. 그들도 감독이랑 대등한 위치라고 여기고 이따금 맞서기도 한다. 그래서 감독들은 무명의 신인을 발굴해서 키우려고 한다. 신인을 발굴하여 스타로 키워내는 능력자 감독이란 소리를 듣고 싶어 한다.

그럼 어떻게 될까? 단편영화에서 학생들과 작업한 배우는 별로 반기지 않는다. 각종 광고나 공연, 연극, 다른 상업영화에서 단역으로 나왔던 배우를 캐스팅하는 것도 별로 탐탁지 않게 여긴다. 왜 탐탁치 않아할까? 감독들 사이에는 경쟁이 있다.

A감독이 쓴 배우가 있다고 하자. A감독은 그 배우를 기생으로 썼는데 B감독은 그 배우를 주인공으로 쓴다면? 아무렇지 않아보이지만 감독들에겐 아무렇지 않은 게 아니다.

이는 B감독이 A감독보다 수준이하라는 평가를 듣게 만든다.

영화가 잘 되어서 B감독이 스타감독이 되고 기생역할이었던 배우가 주인공이 되어 톱스타가 되면 달라지지 않을까? 아니다. 오히려 이럴수록 A감독의 입지가 올라간다. 'B감독 영화에서 톱스타 된 애 있잖아? 그 애를 A감독은 기생으로 썼대!' 톱스타마저 기생 역할로 대우하는 감독이 된다.

대중들은 누가 더 세고 누가 더 잘 만들고 고민하지 않는다. 그냥 영화가 재미있어야 본다. 그리고 그들은 감독과 감독 사이에 경쟁에 대해서도 관심이 없다. 그런 건 관객들에게 중요한 일이 아니다.

오디션 합격, 새로운 시작이라는 불편한 진실

하지만 배우에겐 중요한 일이다. A감독과 B감독이 서로 가깝지 않은 사이라면 더 문제다. 어느 감독이랑 작업하느냐가 중요하다.
감독들 사이의 알력 때문이다. 드라마나 영화랑 같다.
프로필에 경력 사항이 많은 건 좋은 게 아니다.

오히려 아무 경력 없는 깨끗한 도화지 같은 신인을 좋아한다.
이 정도면 자기가 이미지를 입혀서 톱스타로 만들어 보고 싶다는 생각을 갖게 한다. 아무도 모르는, 어떤 감독이 발굴하지 못한 신인을 만들고 스타로 내세우길 좋아하는 게 감독이다.
신인이라고 해서 무조건 경력을 쌓으려고 하지 말고 자기 이미지를 관리해야 한다는 얘기다.

스타들의 이미지,
그리고
강요되는 교제

신인들은 꿈꾼다. 오디션에 합격하기만 하면 인지도가 생길 것이고, 그러면 스타가 돼서 돈도 많이 벌고 다른 연예인들과 교류를 하면서 진짜 환상적으로 재미있는 삶을 살 수 있을 것이라고 착각한다. 인기를 누리며 돈도 원 없이 쓰고 연예인인 애인도 만들 수 있을 것이라 생각한다.

과연 그럴까? 스타의 이미지는 돈이다. 스타의 얼굴이나 이름도 돈이다. 드라마나 영화에서 연기한 이미지도 돈이고 사람들에게 스타의 어느 작품, 어느 행사에서 떠오르게 하는 이미지 그 자체도 돈이 된다. 돈이 될 수 있다는 막연한 이야기가 아니라 진짜 돈이 된다. 예를 들어, 모 개그프로그램에 출연한 A개그맨이 있다고 하자. 이 개그맨이 행사에서나 혹은 광고를 촬영할 때 개그프로그램에서 선보인 그 개그와 이미지를 활용하였다면 그건 개그프로그램의 저작권을 가진 방송국의 저작인접권을 침해한 것이다. 그래서 개그맨은 수익에 따라 일정한 저작권료를 방송국에 줘야 한다. 배우의 드라마나 영화 속 배역 이미지 등도 이에 해당될 수 있다.

"스타의 이미지가 돈이란 걸 알고 있었지만 이렇게까지 부담될 진 몰랐지. 내 팬이라며 사진 찍자고 오는데 그걸 거절하기가 참 힘들거든. 그런데 매니저는 나 보고 절대 사석에서 사진 찍지 말라는 거야. 스타는 이미지가 돈이라면서. 행여나 광고 이미지, 드라마 이미지, 영화 이미지에 나쁜 영향이 있을 수 있으니까 절대로 사진 찍지 말라대? 그리고 함부로 돌아다니지도 말래. 사람들에게 사진 찍혀서 인터넷에 올라가고 그러면 그것도 안 된다는데? 공항패션 그거? 그것도 다 협찬이라서 일부러 찍는 거니까 그건 괜찮아. 공항에 출국하는 날이나 귀국하는 날 어쩜 그렇게 기자들이 딱딱 와서 기다리고 있다가 사진을 찍겠어? 기획사에서 다 미리 연락주고 하는 거야. 그나저나 함부로 돌아다니지 말라, 사람들이랑 사진 찍지도 말라. 그래서 내가 할 수 있는 건 그냥 셀카놀이나 하는 거야. SNS에 올리는 건 괜찮은데, 그건 요즘 기자들이 기사를 쓰니까."

- 톱스타 연기자 N씨 -

스타는 외롭다.

여자는 집순이, 남자는 집돌이가 된다. 일부러 집에 있고 싶어서 그러는 게 아니다. 자발적인 가택연금(?)이라고 할까? 촬영 연락이 언제 올지 모르고 광고연락이 언제 올지 모르므로 항상 준비된 상태로 있어야 하고 최소한 매니저랑 금방 연락되는 장소에 있어야 한다는 게 이유다. 그래서 스타들은 집에서 할 수 있는 게임, 요리, 인터넷 검색, 강아지 키우기 등이 취미가 된다.

일부 연예인들 중에는 인터넷 도박을 하거나 마약류에 연관되는 사건사고가 생기는 이유일 수도 있다. 혈기왕성한 젊은 사람들을 집에만, 지정된 장소에만 있으라고 하면 그걸 제정신으로 견뎌낼 수 있는 사람이 그렇게 많질 않다.

그래서 스타들은 방송 촬영 후에 '회식'을 필수로 여긴다.

그들에게 촬영은 직장이고 업무다. 그런데 그 촬영이 끝나면 다음 촬영이 언제 있을지 모르므로 잠깐 동안이지만 촬영을 함께 했던 '직장동료(?)'들과 회식을 한다. 이 자리에서 술도 오가고 식사도 하면서 선후배를 만들고 친목을 만든다. 연예계에서는 누가 언제 뜰지 모르므로 자기 보험식으로 만드는 인맥이기도 하다.

"톱스타는 톱스타만 만난다는 이야기가 있던데요?"

맞다. 예를 들어, 어떤 드라마를 촬영한다고 하자. 상대역이 중요하다. A 톱스타가 여자주인공인데 난데없이 신인 B가 상대역이라면 A 톱스타는 민감해진다. 자신의 인기가 내려간 것인지, B를 키우려는 숨은 세력이 있는지, B랑 상대역을 하게 되면 자신의 이미지에 도움 되는 건 무엇이고 해가 되는 건 무엇인지 따진다.

연예계에는 활동경력에 따라 1등급에서 10등급 같은 출연료 '등급'이 있는데 그 외에도 스타의 레벨을 정해두고 A급, B급, C급 등 그들끼리의 등급을 매긴다. 톱스타는 특A급 또는 스페셜A급이다. 톱스타와 톱스타가 사귄다고 해도 이상할 게 없는 이유다.

드라마나 영화에 같이 출연하는 상대역 등급도 따지고 평소에 친목모임을 만들어서 만나는 사람들 등급도 골라가며 만나는 그들이다.

오디션 합격, 새로운 시작이라는 불편한 진실

만나는 사람들 사이에서 친목도 생기고 사랑도 싹 트기 마련이다. 톱스타의 매니저나 코디네이터, 스타일리스트 역시 그들끼리의 모임이 있다. 톱스타가 만나면 그들도 같이 동행해서 어울린다. 톱스타들의 강요되는 교제인 셈이다.

기획사에서는 이런 상황을 어쩔 수 없다고 말한다. 스타라는 건 사람들에게 신비감을 갖는 존재여야 하는데 자꾸 대중 앞에 나타나면 신비감이 사라지기 때문이라고 말한다. 설렁탕집에서 스타를 발견하는 거랑 영화에서만 만나는 거랑 차이가 있다. 설렁탕집에서 만나면 가게 사장에게 싸인을 해두고 벽에 진열되어 '왔다간 집'으로 홍보되는 게 고작이다.

하지만 그 스타를 영화에서만 만날 수 있다면 그 스타를 기억하는 사람들이 기꺼이 영화를 보러 온다는 얘기다. 평소에 잘 볼 수 없었으므로 영화관을 찾게 된다는 이유다. 설렁탕집에서 볼 수 있는 스타라면 꼭 그 스타를 보기 위해 그가 찍은 영화를 보러 가지 않기 때문이다. 이러한 신비감 때문에 스타는 그들만의 교제를 하는 것이고, 그들만의 공간에 머물러야 하는 시간도 참아야 하는 외로운 존재인 것이다.

"내 친구 중에 스타 코디네이터 하는 친구가 있는데 어느 날 연락 오더니 밥 먹자는 거야. 그런데 만나기로 한 장소에 나가 봤더니 그 스타가 함께 있네? 우아! 진짜 내게도 이런 날이 오는구나? 땡 잡았다 싶었지. 다른 친구가 말해준 이야기도 생각나는 거야. 모 대기업에 마케팅팀에 근무하는 애인데 요즘 핫하다는 그 여배우를 만났데. 아는 친구가 소개해서 여배우에게 '모 기업 마케팅팀에 있는 친구 있는데 만나볼래?' 그랬더니 나왔다는 거야. 나도 걔처럼 그렇게 유명한 스타랑 친해두면 나도 방송 데뷔랑 출연이 쉬워지는 거잖아? 스타랑 친한데 그 스타가 나를 밀어줄 수도 있잖아? 방송활동 많이 하는 스타이거든! 방송PD들에게 내 이야기 안 해주겠어? 진짜 나 그날 잘 못 마시는 술도 엄청 마셨잖아."

- 스타지망생 여자연기자 O씨-

이런 이야기를 하는 배우지망생이 있었다. 스타와 알고 지낸다고 뜰 수 있을까? 그건 아니다. 선배가 후배를 밀어주고 누가 누구를 지원해주는 건 극히 드문 이야기다.

연예인은 자영업자이면서 비정규직이다. 이를 테면 전부 개인사업자인 셈이다. 생각해 보자. 내게 일거리가 왔는데 나도 요즘 일이 없는 상태에서 친한 후배가 있다고 그 일을 밀어줄 것인가? 자칫하다간 그 일을 준 곳에서 나중에 또 다른 일도 그 후배랑 할 수도 있는데? 연예계에선 아무리 친한 친구 사이라도 자기에게 들어온 일은 아무에게도 말하지 않는다. 그럼 그 스타는 왜 당신을 만났을까?

단지 외로움 때문이었을 수 있다. 연예계에서 활동하다 보면 아는 사람만 만나고 만나던 선후배만 만나기에 그들이 부르는 '일반인'을 만나고 싶을 때가 많다.

오디션 합격, 새로운 시작이라는 불편한 진실

또래 친구들처럼 자유롭게 사람을 만나고 어울리고 싶은데 그걸 못하니까 더 외로움을 타고 견디다 못해서 연예인이 아닌 사람들과 만날 자리를 만들게 된다. 냉정하게 얘기하면 그 자리에 그 날 당신은 스타의 외유 상대 중에 한 명이었을 뿐이다.

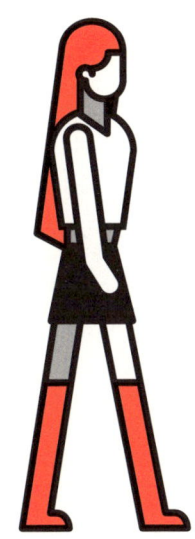

뜰 것 같은데
결국 못 뜨는
사람의 이유

새로운 신인이 나타났다. 얼굴도 예쁘고 잘 생겼다. 기존에 없던 얼굴이다. 여러 기획사에서 탐낸다. 신인인데도 불구하고 높은 계약금을 주겠다고 경쟁이 붙는다. 방송가와 영화계, 광고계에서도 탐을 낸다. 저 신인만 데려오면 당장이라도 광고를 계약하겠다고 한다. 기획사들이 이 신인을 잡으려고 치열하게 다퉜다.

"나는 데뷔만 하면 스타가 될 줄 알았다니까! 기획사들 중에서 톱스타도 많고 매니지먼트가 잘 된다는 곳을 택했어. 진짜 어려운 선택이었는데 신중하게 고민했어. 광고 계약하자고 하는 업체들중에서 나한테 이미지가 제일 잘 맞는 광고만 골라서 했어. 그뿐인가, 뭐? 같은 기획사에서 톱스타들이 나를 홍보해주면서 앞장 서줬어. 연예계에 있는 사람들이라면 나 보고 다들 똑같은 말을 했다잖아. '넌 100% 분명히 뜰 거야!' 라고. 근데 나 왜 이래? 나 왜 아무 것도 못하고 있지?"

― 5년째 스타유망주 P씨 ―

참신한 이미지에 타고난 외모까지 갖추고 학벌도 좋고 스타일도 멋진 사람이다. 그런데 뜨지를 못하고 있다. 노래도 시켜보고 연기도 시켰는데 잘 한다. 누구에게 물어보더라도 '이 사람은 분명 스타다!'라고 인정받는다. 그런데 지금도 그 사람은 무명에서 갓 벗어난 수준이다. 그를 추천하던 톱스타들도 고개를 갸웃거리기 시작한다.

'내가 이렇게 밀어줬는데 왜 안 되는 거야?'

연예계에서 오래 활동하다 보면 스타가 될 것 같은 '감'이 오는 사람이 보인다. 방송계나 영화계, 광고계가 반길 만한 사람을 발굴하게 되는 순간이다. 누가 보더라도 될 것 같은 사람, 주위에서 분명히 배우나 가수로서 성공할 것이라고 확신할 수 있는 사람인 것이다.

그런데 안 된다. 왜 그럴까? 당신의 머릿속에 떠오르는 연예인이 있는가? 그나 그녀도 이런 사람들 중에 한 명일 수도 있다. 혹은 글을 읽고 있는 당신일 수도 있다.

그 이유는 중복된 이미지때문일 가능성이 있다.

팬들은 스타를 찾을 때 '기존에 없던 사람'을 원한다. 왕년에 누구 이미지가 아니라 '우아! 이런 사람도 우리랑 같이 살고 있었어?' 정도가 되어야 한다. 도저히 사람이라고 보기 어려운 사람, 신비한 이미지를 주는 사람이어야 한다. 그렇지 않고 연예인 누구 닮았다는 사람이거나 어딘지 모르게 어디에선가 많이 본 사람 이미지라면 스타가 되기 어렵다. 연예인 누구 닮았다는 건 일반인 친구들 사이에서나 화제가 된다. 연예계에 들어오면 짝퉁이 될 뿐이다. 스타는 오리지널이어야 한다.

배우는 연기로, 가수는 노래로 떠야하는 시대다.

얼굴만 예쁘다고 스타가 되는 시대가 지났다. 배우는 무조건 이제부터 연기로, 가수는 노래로 떠야하는 시대다. 그런데 구체적으로 말해서, 연기를 하더라도 자기만의 연기를 해야 하고, 노래를 아무리 잘하더라도 자기만의 스타일이 있어야 한다. TV에 나오는 것만으로 사람들이 부러워하고 스타가 나왔다고 반기는 시대가 아니다. 좁은 한국에서 벗어나 세계 곳곳에서 날고 긴다하는 가수와 배우를 잘 아는 한국인들이다. 외국 스타들의 팬이라도 자처하며 팬레터도 보내고 팬미팅이 열리면 세계 어느 곳이라도 달려가서 만나는 사람들이다. 거기에 대고 어떤 신인의 어느 정도 하는 노래와 예쁜 외모만 강조하면 사람들은 식상해한다.

"외모는 우즈베키스탄 시골에 가면 농사짓고 밭가는 사람도 저 사람보다는 예쁘지."

"노래는 들어줄 만은 한데, 소름 끼칠 정도는 아니네! 그냥 내가 좋아하는 가수의 LP판이나 들어야지."

당신이 분명 스타가 될 것 같은데 안 되는 경우라면 생각해보자. TV 방송출연 횟수나 대중적인 인지도 문제가 아닐 수 있다. 방송에 아무리 많이 출연시켜줘도 주목을 못 받고 인기를 못 얻는 사람들이 있다. 그 이유는 중복된 이미지이거나 연기나 노래로 승부해서 인정받지 못한 경우다.

연기나 노래로 인정받으려면 사람들에게 어필할 수 있는 감정이입 순간이 있어야 한다. 그런 감정이입 순간은 어디 레슨을 받거나 배워서 되는 게 아니다. 오랜 시간 갈고 닦아야 저절로 생긴다.

입시연기학원에서 매월 돈을 내고 집중 레슨을 받으면 대학 연기과에 입학할 수도 있다. 보컬아카데미에서 노래를 배우고 실용음악학원에서 작곡을 배운 후에 싱어송라이터로 데뷔할 수도 있다. 하지만 '스타'가 된다는 건 다른 이야기다.

스타는 동시대 사람들에게 공감을 받을 수 있어야 하는데, 그런 순간은 연기와 노래를 하다가 어느 순간이 되어야만 저절로 찾아온다. 의도해서 되는 게 아니라 하다 보면 된다. 연예계 사람들은 그런 스타탄생의 순간을 가리켜 '하늘이 내려준다'고 표현한다. 우리 힘으로 어떻게 만들 수 있는 게 아니라는 의미다.

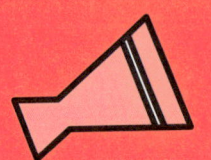

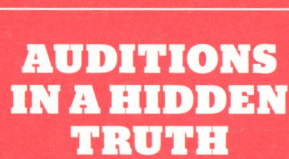

**AUDITIONS
IN A HIDDEN
TRUTH**

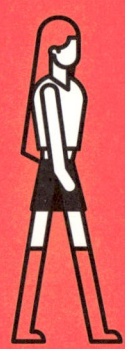

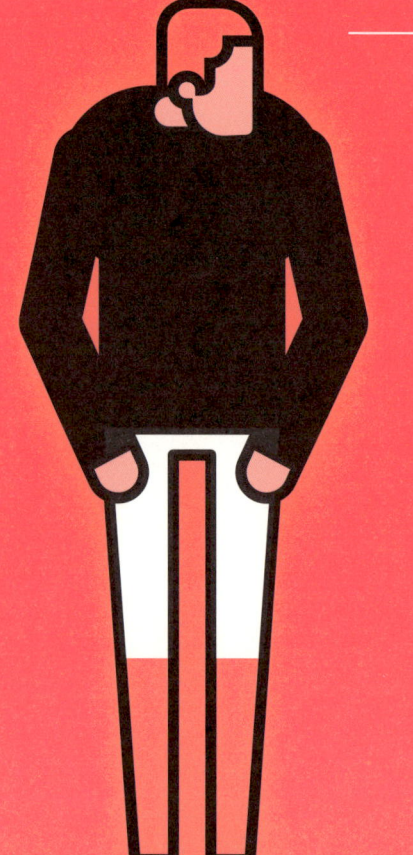

CHAPTER 8

꿈을 포기한 그들의
오디션 속
불편한 진실

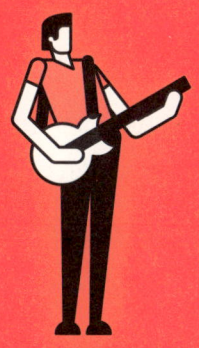

광고주
미팅에 나오라는
개별 오디션의 정체

광고모델을 선정하는 방법은 업계에서 관행처럼 사용하는 경로가 있다. 우선 각 기업체에서 마케팅팀을 통해 제품을 홍보할 모델을 조사하게 하고 거기서 선정된 모델들에게 연락하여 개별 미팅을 한 후에 최종적으로 한 명을 선정하여 모델계약을 한다. 광고료를 지급하고 각종 세부 조항도 합의하는 식이다.

그런데 기업체에서 광고 모델을 정할 때 유명인이나 스타들에게는 위의 방법을 쓰지만 신인이거나 무명의 모델들에게는 다소 다른 경로를 이용한다.

이른바 중간에 에이전시 역할을 하는 회사를 끼고 모델을 섭외한 후에 프로필 검토, 이미지미팅, 실물 미팅을 거쳐 카메라테스트 그리고 모델 적합성 최종 검토를 해서 계약을 하게 된다.

신인들이나 무명의 모델들은 에이전시로 자신의 프로필을 보내두고 언제든 광고 건 관련 미팅 연락이 오면 미팅을 하면서 모델 일을 진행하게 된다. 여기까지 소개한 내용이 일반적인 광고모델 선정 과정이다.

"광고주 실물미팅이라고 해서 나갔는데 사무실이 아니라 술집이던데요? 그리고 광고주라고 소개를 하긴 하던데 제가 보기엔 광고주라기보다는 그냥 술 잘 마시게 생긴, 잘 놀게 생긴 바람둥이 같았어요."

자신이 프로필을 돌렸던 에이전시이고 한두 번 인사한 기억이 있어서 아는 사람이었다고 한다. 그러던 어느 날, 오후 무렵에 전화를 하나 받았는데 광고주 미팅을 할 생각이 있는지 묻더니 언제 몇 시까지 미팅에 오라는 얘기를 들었다고 했다. 무슨 광고인지 물었더니 자동차 관련 지면미팅이라고 했고 그래서 별다른 의심 없이 약속한 시간에 그 장소에 나갔다고 했다.

그런데 이게 무슨 일.

광고주 미팅이라고 말한 그 장소는 술집이었고 에이전시 실장이란 남자가 자기 옆에 나이 지긋한 중년의 남자랑 술 마시고 있더란다. 그러면서 소개를 하기를 이 분이 광고주라면서 잘 보여야 한다고 말하더란다. 그리고 잠시 후에 광고주라는 그 남자 옆으로 자기를 앉게 하더니 술을 따르라, 노래를 불러라 식으로 마치 접대부 취급을 하더라고 했다.

그 자리에서 당장 화를 내며 나오고 싶었지만 이쪽 일을 안 할거라면 모를까, 앞으로 업계에서 마주치기라도 하면 괜히 자기에게 손해가 있을까 봐 그러지도 못하고 그냥 대충 분위기만 맞추며 시간을 보낸 후에 집에 와서 엄청 울었다고 했다.

이 이야기를 통해 당신이 미리 알아둘 '개별 오디션'이란 회사 사무실에서 실물미팅을 하는 것이고 카메라테스트 혹은 광고주 회사의 직원들 여럿이 나와서 모델 적합도 테스트를 하는 것임을 기억해야 하는 점이다. 간혹 커피점에서 미팅을 할 경우도 있지만 그건 낮 시간대에 회사 근처 공개된 장소에서 이야기를 하는 정도이지 저녁 시간대에 술집으로 부르는 미팅은 절대 없다는 점도 기억하자.

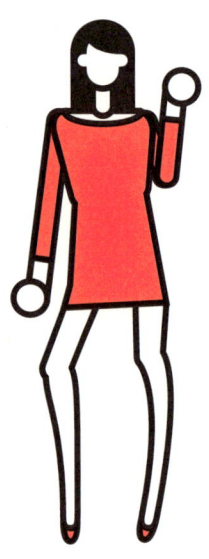

꿈을 포기한 그들의 오디션 속 불편한 진실

기획사
매니저의
은밀한 제안

기획사는 소속 아티스트들이 활동을 해서 수익을 내지 못하면 돈을 못 버는 구조다. 신인들을 띄울 때까지 계속 투자를 해야 하고 기약 없는 노력을 해야 할 경우가 많다. 대형기획사들이 자체 콘텐츠 제작으로 돌아서고 해외시장으로 진출해서 막대한 수익을 내더라도 그건 남의 일인 경우다. 자체 콘텐츠를 만들지 못하는 대부분의 기획사는 경영상 힘든 점이 많다. 1년도 채 안 되어 문을 닫는 경우도 부지기수다.

"나를 위해서 그러는 거래요. 자기는 아무 이익이 없는데 제가 잘되는 거 보고 싶어서, 자기네 힘든 기획사 와서 그동안 수년 동안 고생했는데 고생만 하고 돈도 못 벌게 해줘서 미안해서 그러는 거라는데 괜히 마음이 순간 짠해지더라고요. 그러면서 기업체 사장이 있는데 광고하는 상품도 있고 그냥 인맥도 만들고 친목 삼아 저녁식사나 하자고 해서 그러는 줄로만 알았었죠. 그런데 다음 날 다시 저를 만나자고 해서 하는 말이 어제 만났던 사장 어떠냐는 거예요. 그래서 좋은 분 같다고 했죠. 매니저가 소개해준 사람인데 나쁜 사람 같다고 하는 것도 예의가 아닌 것 같아서요. 그랬더니 갑자기 진지한 얼굴로 저한테 그러는 거예요. 그러면 그 사장님이랑 만나보는 건 어떠냐는 거예요. 남자친구로 사귀지는 않더라도 좋은 사람이니까 그냥 가끔 만나서 차도 마시고 밥도 먹고 그러는 거라고 하더라고요. 그래서 제가 그렇게 사업도 하고 바쁜 분이 왜 나 같은 여자애를 만나냐고 했더니 아니래요. 그 사장님도 내가 좋다고 그러더래요. 딱 하루 보고 나를 어떻게 좋아할 수 있는지 모른다고 했더니 자기도 모르지만 아무튼 제가 좋다고 했대요. 그리고 하는 말이 나만 좋다면 그 사장님이 활동지원도 해주고 그 사장의 회사에서 만드는 제품 광고모델도 시켜주겠다고 했대요. 이게 도대체 무슨 경우죠? 만나서 차 마시고 밥만 먹는데 진짜 그런가 싶어서 다시 물어 봤어요. 정확하게 제대로 말해보라고요. 그랬더니 실토를 하는데요, 그 사장이란 사람과 그냥 남자랑 놀듯이 어울려보는 것도 나쁜 건 아니지 않느냐면서 그러대요? 네가 남자친구 안 사귀어 본 것도 아닌데 그냥 남자친구 만나듯 가끔 만나서 놀고 그러면 너도 좋지 않냐 그러면서요. 지금도 그 순간 떠올리면 목이 잠기고 눈물이 나요."

기획사에서는 이따금 그들도 절박한 상황이 되어서인지 모르지만 소속 아티스트들에게 이상한 제안을 하는 경우가 있다. 남자이건 여자이건 가리지 않는다. 여자에겐 남자를, 남자에겐 여자를 소개해주는 꼴이다. 그런데 소개를 하면서도 그들에겐 아무 이익이 없다는 점을 강조한다. 학창시절 소개팅 주선해주는 걸 흉내 내며 마치 잘 아는 오빠나 형이 좋은 애인 소개해주려는 걸 강조한다. 그들에게 물어보자.

"지금 똑같은 제안을 당신 가족에게, 친동생에게 해줄 수 있어요?"

그동안 사건사고로 언론 매체에 소개된 내용이기도 하지만 연예계에 끊임없이 흘러나오는 이러한 고질적인 병폐가 완전히 사라지지 않았다. 유명 스타가 있는 기획사라고 해서 완전히 깨끗한 청정지역은 아니다. 사람 사는 곳에서 모든 일들이 그렇겠지만 대중의 이미지를 바탕으로 연기로, 노래로 감동을 전하는 아티스트들에게 너무 치졸한 제안을 해대는 기획사들이 있다. 이들을 유념하고 조심해야 한다. 이유는 간단하다.

만에 하나, 그들의 제안을 받아서 이를 바탕으로 유명해지고 나름 인지도를 얻었다고 하자. 그게 얼마나 갈까? 그리고 연예계에 소문이 안 날까? 당신만 알고 조용히 비밀로 하겠다는 건 착각이다. 당신도 알고 매니저도 알고, 그 상대방도 안다. 광고를 찍을 때 광고 현장에 있는 사람들도 말은 안 하지만 다 눈치 챈다. 난데없이 나타난 당신을 보고 '척 보면 척' 하고 아는 게 이쪽 사람들이다. 그들이 아무 이야기 안 하는 건 단지 그들이 돈을 벌어야 하기 때문인데 나중에라도 그들끼리의 모임에서 누구누구에 대한 이야기는 분명히 나온다.

그리고 당신을 위해서 라고 하는 매니저들이나 중간에 소개를 맡은 사람은 당신의 상대방으로부터 소개료를 챙긴다. 무보수로 그런 위험한 제안을 하는 사람은 없다. 최소한 당신이 받는 것만큼은 받는다. 그래서 당신이 어느 기획사랑 일할 때라도 계약서를 잘 봐야 한다. 애매한 조항이 있다.

– 가족처럼 친밀한 관계를 유지하며 최선을 다해야 한다

– 몸과 마음을 다해 모든 미팅에 응해야 한다

뭐 대강 이런 식이다.

계약서상에는 해석이 불분명한 애매한 조항을 써놓고 나중에 당신이 그들의 불합리한 요구에 불응할 때면 계약 조항을 들먹인다. 계약서를 자세히 보면 '내용해석은 기획사의 해석을 따른다' 식으로 된 경우도 있다. 투명하게 운영하고 매니지먼트를 잘하는 기획사들은 변호사를 대동하고 공정한 계약서를 작성한다.

그렇지 못한 회사들은 1:1 계약이나 대충 싸인만 하라고 하는 식으로 선심을 쓰는 시늉을 한다. 사회생활 경험이 상대적으로 적고 세상 물정을 모르는 당신에게 덫이 되느냐, 날개가 되느냐는 '그 순간'에 달렸다.

꿈을 포기한 그들의 오디션 속 불편한 진실

활동경력 쌓고
기획사랑 유리하게
계약하려는 신인들

신인이다. 기획사에 들어가서 오디션 정보 편하게 얻고 소속 연예인으로 관리를 받아가며 활동할 것인가, 아니면 개인적으로 자유롭게 하고 싶은 거 다하면서 경험 쌓은 후에 인지도 만들게 되면 신인보다 조금 더 유리한 조건으로 기획사랑 대등하게 계약할 것인가를 가지고 고민한다.

아무리 오랜 시간이 흘러도 사라지지 않는 고민이다. 기획사에 들어갔다가 다시 나온 친구나 선배들에게서 들은 이야기다. 하지만 고민한다. 기획사 생활이 좋은 점도 있지만 여러 가지 속박이 많아서 마음껏 활동을 못한다는 단점도 있다고 들어서다. 그래서 신인들은 말한다.

"개인적으로 먼저 뭔가 이뤄놓고 기획사를 찾으려고요."

이 말의 속뜻은 그동안 기획사를 찾아보고 미팅도 하고 했지만 정작 나를 믿어주고 기대해주는 회사를 만나지 못했다는 의미다. 그래서 그들이 몰라준 내가 스스로 스타성을 입증하고 나중에 그들이 계약하자고 올 때 지금과 다르게 대등한 조건으로 내 마음에 드는 기획사를 고르겠다는 각오를 말한다.

생각을 잘해야 한다.

기획사가 좋은 점은 분명히 있다. 예를 들어 보자. 당신이 광고주이고 드라마 제작사이고 영화 제작사라고 해보자. 당신은 누구를 캐스팅 할 것인가? 연기도 잘하고 신선한 이미지의 신인을 찾으려고 할 것인가? 아니면 기획사에서 미리 잘 훈련된 아티스트들을 고를 것인가? 당신이 제작자 입장이라면 또 다른 고민을 해야 한다.

'신인에게 기회를 주는 건 좋은데 촬영에 펑크내면? 잠적해버리면?'

'기껏 준비하다가 다른 작품 한다고 가버리면?'

'연기를 따로 교육시켜야 하고 노래를 따로 연습할 시간을 줘야한다면?'

당신이 제작자라면 이미 답은 나왔다. 당신은 절대로 신인에게 기회를 줄 수 없다. 아무 것도 모르는 신인이 개봉 전까진 비밀로 해야 할 영화정보를 여기저기 흘리고 다닐 수도 있고, 학교 워크숍이다, 개인여행이다, 가족식사다 해서 촬영장에도 늦고 빠지고 연습에도 충실히 안 나올 수 있다. 이러면 상업 작품 제작이 안 된다.

그런데 이런 개인과 다르게 기획사랑 일을 하게 되면 한 사람이 빠져도 다른 사람을 데려오므로 최소한 펑크는 안 난다. 기본적인 연기레슨이나 자기관리는 기획사에서 준비해둔 상태이므로 따로 신경 쓰지 않아도 된다.

신인으로서 경력을 쌓을 수 있는 이렇다 할 작품이랄 게 없다. 기회도 거의 없다.

상업영화나 지상파 드라마는 위에서 언급한 이유들 때문에 개인이나 신인들에겐 절대 줄 수가 없다. 제작일정상 아주 작은 실수 하나라도 생기면 전체 작업이 무너질 수도 있어서다. 그 책임은 신인이 지는 게 아니라 제작사가 져야 하므로 단 한 번의 실수가 엄청난 손해로 올 수 있다.

"그렇다고 해서 아무 기획사나 들어가면, 일도 못하고 나이만 들고, 이상한 제안이나 받고 그렇잖아요?"

이 말의 의미는 자기가 들어가고 싶은 기획사는 있는데 거기선 나를 안 받아준다는 얘기다. 그럼 다시 생각해보자.

대형기획사에서 당신을 안 받아주는 이유가 뭘까? 그 이유란 걸 그들이 말해주었던가?

대형기획사에서 당신을 안 받아주는데, 당신이 혼자서 경력을 쌓아서 들어간다고 그 이유가 사라지고 당신이 원하는 기획사에 들어갈 수 있게 될까? 당신은 기획사 사장이 당신을 왜 거절했는지 그의 마음을 아는가?

기획사 없이 혼자 해본다는 건 당신이 기획사 사장 노릇도 하고 연기도 하고 노래도 한다는 건데, 이제 신인인 당신이 연기나 노래도 완벽히 못하면서 기획사 사장 노릇까지 완벽히 하려고 드는가?

냉정하게 생각해서 어쩌면 당신에겐 가수나 배우가 될 소질이 부족한 건 아닐까? 많은 질문들을 스스로에게 던져보아라.

기획사에 꼭 들어갈 필요는 없지만 그렇다고 혼자서 해결할 수 있는 연예계 활동이 아니다. 어떻게 해서 촬영 건을 잡는다고 해도 현장에 나갈 때는 차를 갖고 매니저랑 동행할 필요도 있다. 혼자 옷가

방 다 들고 대중교통 이용해서 간다고 해도 괜찮지만 연예계 현장은 그야말로 치열한 경쟁의 현장이기 때문에 섣불리 나약하게 보였다간 남에게 잡아먹히고 만다.

무리가 조금 되더라도 친한 오빠나 언니에게 매니저 역할 좀 해달라고 하고 오래된 중고승용차라도 이왕이면 자동차를 렌트해서라도 좋은 차를 타고 현장에 가야하는 이유가 있다.

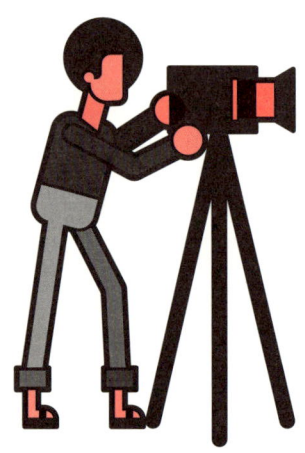

꿈을 포기한 그들의 오디션 속 불편한 진실

내가 너
키워줄게!
라는 말

연예계에는 언뜻 듣기에 진짜 마음씨 좋은 사람들만 가득하다. 신인들의 부모도 아니면서 '내가 너 키워줄게'라고 말하고 '나만 믿어'라고 말한다. 그러면서 그들이 요구하는 건 신인의 돈 아니면 또 다른 무언가다. 연예계에서는 '캐스팅'이라는 권력, '기회'라는 권력, '인맥'이라는 권력, '돈'이라는 권력, '데뷔'라는 권력이 있는데 이런 권력을 쥔 사람들 중에서 신인들만 보면 꺼내는 얘기이기도 하다.

"오디션 기회 잡기도 어렵고, 연기레슨이나 돈벌이를 혼자 하기도 어렵고, 작품제작 정보도 없는 신인 입장에선 진짜 그런 제안 받으면 살짝 흔들리기도 하는 게 사실이야. 물론 돈만 많다고 해도 안 되는 것도 맞아. 어느 집 애는 집에서 돈으로 작품제작 밀어줘서 역할 따게 해줬는데 몇 개 나오다가 금방 사라졌거든. 누구는 또 드라마, 예능, 일일드라마, 영화 한 편 딱 하더니 또 사라졌어. 사라졌다는 의미가 활동을 쉬는 의미라는 거 알지?"
아마도 연예계 비즈니스가 이어지는 동안엔 절대 사라지지 않을 것만 같은 이야기 '내가 너 키워줄게' 이 말은 지금도 진행 중이다. 스튜디오에서 포토그래퍼가, 광고모델 미팅하자던 광고감독이, 영화캐스팅 이야기하던 PD나 감독이, 작가가 꺼내는 이야기이기도 하다. 도대체 나이 성별 직종을 안 가리고 그저 예쁘고 잘생긴 신인만 보면 '키워준다'고 난리다. 정말 그들은 어떤 신인들을 데려다 놔도 키워줄 수 있는 능력자들인가?

투자회사와 극장에서 제작할 작품이나 상영할 영화를 어떻게 심사하고 선정하는지 속사정을 아는 게 필요하다. 단순히 인맥만 많고 사람들만 많이 안다고 해서 될 문제가 아니다. 누가 누구를 키워줄 문제가 아니다. 그렇게 당신을 키워준다고 얘기하는 사람에게 물어보자. 그럼 당신은 그동안 뭐했기에 아직도 그 자리인지, 왜 당신 스스로는 크지 않았는지 물어보라. 눈빛이 달라지며 아무 말도 못하고 버벅대거나 없던 얘기로 하자며 자리를 피하게 된다.

먼저 투자회사에서 작품을 고르는 과정이다.
투자회사는 영화나 뮤지컬, 연극 등 문화투자제안이 들어오면 심사를 한다. 투자회사에서 작품투자 제안을 받는 시기를 정해두지 않았기에 일정 기간 동안 계속 제안을 접수받는다. 그리고 일정한 시점이 되면 투자심사역을 맡은 사람들이 모여 작품을 심사하게 되는데, 이 때에 주연배우, 작가, 제작사, 스케줄, 필요한 투자금액, 제작경력 등을 꼼꼼히 따진다. 투자금액 대비 얼마의 수익을 기대할 수 있는지도 중요하다.

이 과정에서 대다수의 투자제안 작품이 탈락한다.

그 이유는 그들이 내세운 투자금액 대비 기대수익이 정확하지 않기 때문이다. 이 영화를 만드는데 투자해주시면 최소 몇 년 안에 얼마의 투자수익이 생긴다고 써놓지만 그 근거가 제작자 기대뿐이다. 이런 경우 투자를 할 근거가 안 된다. 투자회사는 투자자들의 돈을 모아서 수익이 날 곳에 투자를 하고 수익을 만들어서 투자자들에게 돌려주며 그 사이 수수료를 받고 운영되는 곳이라서다. 투명한 근거가 없는 작품에 섣불리 투자했다가는 나중에 법적 책임을 져야할 수도 있는 곳이다.

그래도 개 중에 투자 금액 대비 수익구조도 명확하고 기존에 작품을 만들어서 흥행도 했던 제작사라면 투자를 받기가 쉬워진다. 게다가 주연배우들도 티켓파워가 있는 인기 스타들이고 작가도 시나리오가 탄탄하며 감독도 흥행감독이라면 투자받을 가능성이 더 커진다. 하지만 오늘 투자결정을 했다고 해도 당장 투자금이 들어오는 게 아니다. 투자회사에서는 매년 11월에 다음 해에 투자할 금액을 결정하는데, 2015년에 투자제안해서 2015년 11월에 투자결정을 받는다고 해도 그 돈은 2016년에 지출될 수 있다는 점이다.

투자회사처럼 법인기업들은 매년 11월에 이듬해 예산을 책정하고 이듬해 2~3월에 주주총회를 열어서 예산안 및 사업계획을 승인받게 된다. 이 시간이 지나야 투자자자들에게 인정받은 자금을 지급할 수 있다. 보통 3월 이후부터다. 그리고 투자금도 10억 원을 투자하기로 결정했다고 하더라도 바로 전체 금액을 다 주는 게 아니다. 작품의 진행과정을 보면서 제작사에서 지급요청하는 금액을 심사

후에 지급한다. 매월별, 사업별로 나눠서 지급될 수 있다.

다음은 상업영화가 극장에서 상영되는 과정이다.

제작을 마친 영화는 극장 상영을 준비한다.

이때 영화제작사에서는 완성된 영화를 들고 극장들과 상담을 시작하는데 극장에서는 내부 직원 평가 후에 다시 일정 시점에 모니터링 요원들을 모아서 자체적으로 내부 사전 시사회를 갖는다. 모니터링 요원들은 극장에 와서 개봉 전에 화를 보고 개별적으로 점수를 매겨야 하는데 이때 일정 점수를 받지 못하면 그 영화는 상영이 거절된다. 안타까운 일이다. 고생고생해서 만들었고 투자도 받은 작품이지만 정작 극장 상영이 안 되는 순간이다.

"예전에는 극장주나 투자자가 똑같은 사람이라서 영화가 만들어지면 무조건 극장에 걸렸죠. 히트를 치거나 말거나 하는 건 나중 일이었어요. 그런데 대기업 자본이 영화계에, 공연계에 들어오고 나서부터는 어느 누구의 개인 의견은 그다지 힘을 못 써요. 철저하게 시장논리대로 영화를 만들어야 하고 극장에 걸어야 하죠. 돈이 되면 투자하고 극장에도 걸겠지만 돈이 안 되면 안 걸고 안 만들겠다는 의미죠. 옛날엔 진짜 무슨 투자자가 영화 만들면서 어느 배우를 밀면 그 배우가 주인공 해야 하고 스타가 되는 구조였어요. 누가 누구를 키워준다고 말하는 게 가능한 시대였죠. 하지만 지금은 그럴 수가 없어요. 누가 누구를 키워준다고 할 수가 없죠. 투자회사나 극장도 엄연한 기업인데 모든 게 투명해야 하거든요. 누가 누구를 키워요? 간혹 작은 프로덕션에서 만드는 작품이라거나 제작비가 부족한 경우라면

꿈을 포기한 그들의 오디션 속 불편한 진실

투자자의 입김이 작용될 수는 있을 거예요. 그때는 투자자가 왕이니까 그 사람이 미는 배우를 주인공 시키고 좋은 대사랑 역할 다 줘야죠. 하지만 이젠 그렇게 해도 오래 못 가요. 인터넷 세상이라서 금방 다 소문나고요, 찌라시도 돌고 그래요. 스타가 되려는 신인들이나 기획사가 한둘 인가요? 누구를 끌어내려야 자기가 올라간다고 경쟁하는 곳인데요? 자칫하다간 업계에 소문 다 나고 이 바닥에서 금방 사라져요. 이젠 누구의 힘으로 커보겠다는 생각을 하면 안 돼요."

– 충무로 영화계 감독 Q씨–

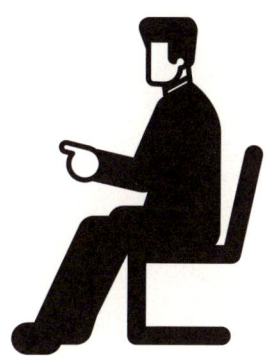

내가 너 키워줄게! 라는 말

AUDITION,
FILM AND DRAMA
HOW TO BE CAST?

오디션,
영화, 드라마에
캐스팅 되려면?

A. 톱스타가 되려면 톱스타랑 놀아라!

연예계는 끼리끼리 문화가 존재한다. 서로 '급 수'가 맞는 사람들끼리 어울리려는 경향이 강하다. 자칭타칭 A급이나 B급 등으로 분류되는 층이 존재하는데, A급은 A급들끼리만 어울리려고 한다는 얘기다. 가령, A급 배우가 나오는 영화나 드라마가 있으면 다른 연예인들이 무보수 출연을 제안하며 출연을 요청해오는 경우도 생긴다. 그 작품을 통해서 그들도 A급이 되고자 하는 목표가 생기기 때문이다. 최소한 A급 배우랑 작품 속에서 만날 수 있고, 아는 사이가 되겠다는 전략을 세우기 때문이다. 신인이나 지망생도 자신의 꿈이 톱스타라면 주저 말고 톱스타랑 어울려야 한다. 어떻게 해야 하냐고?

톱스타가 어디에서 주로 활동하는지 모르고, 중간에서 소개해줄 사람도 없어서 알 수 없다고 핑계대지는 말자. 어떻게든 알아내서 톱스타가 있는 곳에 가서 머물러야 한다. 톱스타 또는 톱스타가 지나가는 곳에서라도 기다리며 기회를 만들어야 한다는 얘기다. 터무니없는 이야기라고 생각될지 모르겠지만 실제로 이를 통해 기회를 만들고 성공한 케이스가 많다.

YG엔터테인먼트에 '씨엘'은 YG 사옥 앞에서 자신이 녹음한 노래 CD를 들고 양현석을 만날 기회를 노리다가 드디어 양현석을 발견하고는 다가가서 CD를 건넨 후, 투애니원 멤버가 되었다. 또한 국내 유명 연예 기획사 대표는 대학시절 진로를 고민하다가 매니저가 되기로 결정하였다. 그리고 일면식도 없던 모 톱가수의 회사 앞에 매일같이 인사를 하러 다녔다. 그러던 어느 날 스케줄을 펑크 낸 매니저 대신 톱가수의 차량을 운전하면서 기회를 잡아 현재의 위치까지 올랐다.

히트 드라마 제조기로 유명한 모 드라마작가도 마찬가지다. 드라마 집필 기회가 오지 않았지만 그래도 꾸준히 드라마PD들에게 인사하고 안부 전하며 자신의 존재를 알리던 중, 방송 중인 드라마 작가가 대본을 펑크 내는 바람에 우연히 쪽 대본 1일치 집필을 의뢰받았다. 심지어 자기 이름으로도 아니고, 다른 작가 이름으로 방송되는 드라마 대본이었지만, 그 의뢰를 받으면서 인연이 되어 드라마작가로 이름을 날리기 시작하였다.

당신이 꿈꾸는 위치가 있는가? 닮고 싶은 톱스타가 있는가?

지금 당장 그 톱스타의 회사 앞에 가서 오가는 사람들에게 인사하며 기다리자. 같이 작품 하고 싶은 영화감독이 있는가? 마찬가지다. 영화사 앞에 가서 그 사람을 만날 순간을 기다리자. 당신의 프로필을 들고 있어야 하는 건 물론이다.

B. 상업영화, 비공개오디션 정보를 알고 싶다?

개인으로 활동하거나 신인 입장. 학생들 등의 입장에선 기획사를 부러워하는 이유가 딱 한 가지다. 비공개오디션 정보를 갖고 싶고 지상파드라마 오디션 정보를 얻기 위함이다. '어떻게든 되겠지' 라고 생각하며 영화사나 에이전시, 프로덕션으로 프로필투어 신인들이 자기 프로필을 돌리는 일정에 나서기도 한다. 하지만 지인을 통해 소개받은 제작사, 영화사에 가보더라도 '프로필 두고 가세요.'라든가, '모집 끝났어요.' 또는 '나중에 연락드릴게요.'라는 대답이 전부다. 심지어 어떤 회사 앞에는 '프로필 두고 가는 곳' 표시가 있을 지경이다. 자기 프로필 들고 방문하는 사람들 수가 한두 명이 아니라는 의미다.

이 경우 어떻게 해야 할까? 현재 영화를 촬영 준비하는 곳에 프로필을 넣을 순 없을까? 방법이 있다. '영화진흥위원회 한국영화 제작상황판'[1] 사이트를 이용해 보자. 이 사이트에 방문하면 어느 해, 어느 월에 촬영을 준비하는 영화사를 확인할 수 있다. 개봉준비, 후반작업, 개봉예정 영화 및 영화사들까지도 확인 가능하다. 이용방법은? 이제부터 자기 프로필 들고 위 영화사들 찾아다니며 인사해두는 전략이다.

"그런데 지상파드라마나 영화기획은 그 자체가 전략이고 비밀이라서 신인들에겐 노출되지 않잖아요?"

사실이다. 방송국별로 어떤 드라마를 기획하는지, 누구를 캐스팅 중인지, 어느 작가랑 하는지 모두가 비밀이다. 영화사에서도 어느 작품을 준비 중이고 투자진행 중이란 정보마저도 비밀이 된다. 경쟁 영화가 나올 수 있고, 개봉시기 조정이나 투자 상담에서 영향 받을 수 있어서다. 하지만 신인이고 지망생 입장에선 최소한의 정보라도 얻으면 그걸 인연으로 삼아 자기소개를 알리고 있어야 한다.

영화는 만들어본 회사가 만들고, 드라마는 만들어봤던 제작진이 만든다.

자신의 프로필을 들고 인사하고 그들과 안면을 트기 시작하라! 언젠가 기회는 반드시 온다.

---

1 영화진흥위원회 한국영화 제작상황판
  http://www.kobis.or.kr/kobis/business/mast/mvie/searchPrdtList.do

C. 방송 출연을 하면서 얼굴을 알리고 싶어요?

신인이나 지망생 입장에선 방송 출연이 꿈이다. 프로필을 돌리고 아르바이트를 하러 가야 하는 자신의 처지를 보며, 지하철 안이나 버스 안에서 보게 되는 방송 프로그램은 더 이상 시청자가 아니라 그들과 방송 안에서 어울리고 싶다는 바람만 더욱 간절하게 만들 뿐이다. 신인의 방송출연, 정말 어렵기만 할까?

'독립제작사협회 외주공모'[2] 게시판을 참고해보자.
지상파 방송국을 비롯하여 케이블방송국 등에서 외주제작사를 찾는 프로그램들이 게시된다.

이용방법은 위에 상업영화 오디션 이용방법과 같다. 외주제작 공모 중인 프로그램을 확인하고 제작사 선정되는 '결과'를 보고나면 그 다음엔 자기 프로필 들고 프로그램 제작사로 달려갈 차례다. 어떤 방송이 제작되는 중인지, 자기가 어울릴 프로그램은 무엇이고, 어떤 이미지가 필요한지 미리 철저히 대비해야 하는 건 물론이다.

이게 가능하냐고? 가능하다.
다시 말하자면, 방송가에서는 항상 적은 제작비와 촉박한 제작일정에 시달린다. 그런데 마침 그들이 섭외에 나서기도 전에 출연자가 눈앞에 나선다면 어떨까?
당신에게 기회가 생기는 순간이다.

---

[2] 독립제작사협회 외주공모
http://www.kipa21.com/home/sub04.php?mid=18

AUDITION,
AND STAR BIRTH IS
WELL ORGANIZED
STRATEGY

오디션,
그리고 스타탄생은
잘 짜인 전략

지금도 스타를 꿈꾸는 수많은 사람들이 있다면
막연한 꿈만 꾸지 말고 철저한 생존 경쟁에 살아남을
대비를 하라고 말한다.
얼굴이 예뻐서 배우가 되는 시대가 아니고, 부모 잘
만나서 스타가 되는 시대도 아니다. 노래만 잘 부른다고
인기 가수가 되는 시대도 아니다. 당신이 스타가 되려는
그곳에선 오늘도 돈이 오간다.
그곳은 누군가의 삶의 현장이다.

그곳에서 돈을 벌어서 가족을 부양하고 세금을 내는
사람들이 있다. 그들의 꿈은 당신처럼 스타가 되려는 게
아니다. 그들의 꿈은 오로지 돈일 수 있다.

또는 그들의 목적은 권력 그 자체일 수도 있다.
방송국은 이익을 내야하는 회사다.
콘텐츠를 만들어 내야하고 시청자들을 모아야 하는
곳이다.

그래서 방송국은 오래 전부터 의도적으로 스타를
만들어 왔다. 방송국이 보는 스타란 오로지 시청자들을
확보하기 위한 상품을 만드는데
필요한 재료일 뿐이다. 헐리웃 영화계에서 유명한
스타가 되고 싶다? 한류스타다? 이 모든 미사어구도
단지 누군가의 호기심을 충족시켜주는 상품이 되겠다는

말과 다르지 않다. 그래도 스타가 되고 싶은가?
그러면 한 가지만 기억하자.
당신이 스타가 되고 싶어 하는 만큼, 당신을
학수고대하며 나타나기만을 기다리는 사람은 아무도
없다는 게 현실이다. 사람들에겐 그저 흘러가는
눈요깃거리에 지나지 않을 수 있다.
당신이 스타가 됐다고 여기고, 사람들이 당신을
알아본다고 여길 때쯤 그들은 당신을 보며 식상하다고
여길 수 있다. 그러면 방송국에선 급히 또 다른 스타를
만들어낼 수 있다는 얘기다. 당신이 스타가 되고 싶다면
오직 한 가지! 스타가 된 다음의 정상의 무대가 아니라
스타가 되려는 그 과정을 스스로 즐기고 행복할 줄 아는

사람이 되자. 세상에 신인배우와 스타급 배우가 따로
있는 게 아니다. 관객 한 명의 무대라도 그 위에 서면
어엿한 배우다. 당신의 노래를 들어줄 사람이 한 명만
있어도 당신은 가수다.

배우가 되고 가수가 되기 위해 반드시 유명해져야할
필요는 없다. 그리고 돈을 벌기 위해 성공하기 위해서
스타가 되고 싶다는 생각도 버리자.
정상에 서고 싶은 허황된 욕심을 버리자.
산 정상에 서면 빨리 내려올 일만 남는다.

오디션 속 불편한 진실

초판 1쇄 인쇄 2015년 10월 22일
초판 1쇄 발행 2015년 10월 28일

저 자	이영호
발행인	김영애
기 획	송기헌
디자인	신유정
일러스트	서정우
발행처	**SniFactory** (에스엔아이**팩토리**)

등록번호 제 2013-000163 (2013년 6월 3일)
주소 서울시 강남구 삼성로 96길 6 엘지트윈텔1차 1402호
전화 02-517-9385   팩스 02-517-9386
이메일 dahal@dahal.co.kr
홈페이지 www.snifactory.com

ISBN   979-11-86306-13-0 13320